紫微斗數開館的第1本書

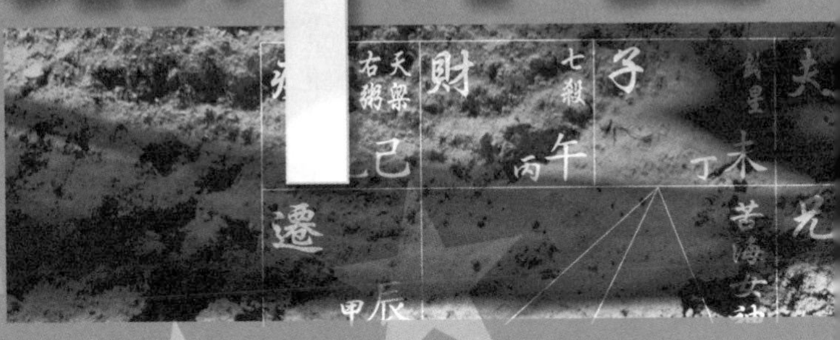

中國風水協會 理事

鄭穆德

【推薦序】我的好友

我與穆德兄結識十餘載，終於盼得此書，乍看此書雖似簡要，然而精髓尚須洞悟，待通達後，自對人、事、物之理會功力倍增，此乃此書之要絕。

憶起初識穆德兄迄今歷程，即不難理解其現今成就，當其經營棒球打擊場失敗後，生活拮据，親友疏離，世態冷暖深觸內心，惟憑超人毅力，自薦推銷員，在此人生逆境中，其仍不斷專研斗數，人性的感觸，相信激起其更深層的徹悟能力，而能洞悉斗數千年之秘，打破傳統斗數的框架思維。甚且，其更勇於接受辯論及尋找實證，以顯舊思維繆誤，而激盪斗數新革命。

當我相較斗數理論，發現斗數理論流於空泛，解説者又過多採用不確定用語，如可能、或許、大概；及引用過多的抽象概念用語，如就運氣、身體、事業、婚姻、感情等大事項，爲好壞、胖瘦、高低之論斷，實則聽者仍抓不住方向，不知何去何從。然而穆德兄強調時間及空間之定論，亦即更深入解除聽者迷惑，經我十餘年接觸其理論，已悟得在透析斗數（命理）後，非因解讀吾人於某時空有何災難時，尤其是定論之際，即坐擁愁城，反而是藉助取得預知之先機，思考如何運用可替代性之事，以減輕或避免惡運之發生，例如居所有變動之象，則何不順勢另覓住屋或舊屋新裝，此皆是自身可掌握之善果；若任「運」決定，則非己所能掌控，可能發生屋倒或被迫遷移之惡果。又若依舊斗數理論，姑不言解說者功力如何，大概只說「改運」一途，而如何「改運」，恐假藉類如鬼神等不可侵犯之莫名力量，易使聽者迷惘無助，實則只是待斃一途，而尚未論及部分狡徒即以此模式詐財騙色。

一般人想瞭解人性不易，故有利用刮刮樂、簡訊等詐財之騙徒一再得逞，縱使媒體天天報導警告，仍有人前仆後繼，勇敢被騙。我是檢察官，每天都要判斷人的言語中有幾分是眞實的，於觀察、聽辯久後，發現相同事物，相同處理的法律原則，與命理判認相同行爲模式，相同結果之理論相通，因而當吾人深究此書後，應懂得如何對己及他人之人性判斷，進而運用得宜，俾能掌鴻運避災難，如此才不枉費時間、精神閱讀此書，亦是穆德兄創著此書，公諸於世之用心所在。

檢察官 黃鼎鈞

癸未年立冬序於台中

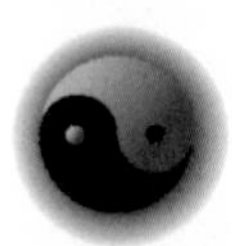

【推薦序】

紫微斗數之眞相

冥冥之中的安排

在這充滿奧秘的宇宙裡，冥冥之中，似乎有股力量主宰著萬物的形滅消長；人類置身於宇宙當中，自然深受這股力量的牽引。然而，這股神秘的力量，是如何影響人的一生？是否存在著某種定律，能夠預測人生運勢的起伏變化？

如果能夠掌握人一生的輪廓，掌握運勢消長的脈動，就能提供行動進退的準則，在運勢低迷的時候，韜光養晦，像沉潛的蛟龍，等待時機的到來；當運勢發展到達頂點時，開始轉弱時，能夠急流勇退，避開災禍。

社會需求

由於紫微斗數，對於人的基本性格剖析以及人生梗概的描述，頗爲精準，加上其入門容易，近年來，研習紫微斗數的人數，與日俱增。但是，若想在紫微斗數的應用層面上，有所突破，長時間的專研與名師的指引，是不可或缺的要素。

本書乃作者精研佛理、易理、紫微斗數二十餘載，參透其中精髓，加以融會貫通，並結合實務經驗，經由人、事、時、地、物的驗證，所彙整的斗數應用精華。本書是學術研究結果，其所闡述的方法，乃結合經驗與學理，是一種透過複雜運算達至推論人生的科學方法。本書提供讀者較深層次認識紫微斗數的機會，並著重於紫微斗數應用層面的實務技巧，爲有心專研紫微斗數者極佳之學習教材，更爲有志開館從業者不可不讀的寶典，實爲紫微斗數史上難得一見的經典文獻。

本書的應用價值

本書所闡述的紫微斗數之高階應用技巧，能精確判斷與預測人生運勢的時間轉折點，其精準度令坊間卜命師難以望其項背，有志精進的開館業者，目前已紛紛投入作者門下，潛心習藝。

成功人生的訣竅，在於機會來臨時能好好把握，時機未成熟時，能潛心修鍊，隱忍不發。研習本書，細心領會其中奧妙，能讓讀者獲得人生的智慧，坦然的面對人生的變化。

本書乃作者嘔心瀝血之作，作者以其悲天憫人的胸懷，欲經由此書將紫微斗數高階應用的精神與方法，與廣大群眾分享，期望眾生能因知命認命而積極的面對人生，提高人生的智慧，並進而減少社會爭端，促進社會和諧發展與國家進步繁榮。

博士 樂明 居士

歲次癸未年仲秋於彰化

【自序】星辰的迷思

在揭開紫微斗數千年之秘前，內心百感交集，是自私的留給子孫當作祖傳秘笈，抑或是公諸於世，讓愛好學術研究者，發揚光大？矛盾之心，眞所謂做與不做間，抉擇千萬難。但是，終究理智戰勝了情感，我想：放下，路更長！

華山派紫微斗數，乃集合古今斗數各大門派之精華，合而爲一。分四大部分：一、星辰（現象學）。二、飛星四化（空間學）。三、生年四化（時間學）。四、自化（吉凶學）。各占四分之一重要性。而時下流行之「星辰論命法」僅占紫微斗數四分之一強，但它卻佔據學習斗數人口總數的百分之九十五以上。故很多讀者才會認爲「星辰論命法」有其不準之處。這就是華山派紫微斗數誕生的原因。

讀者都清楚「四化」乃斗數之用神，「自化」爲四化之精神；然而，至今卻沒有一本專論的書籍，做完整深入的分析，探究其精髓所在；那麼，當今流行之紫微斗數論命法，爲何捨「用神」而不用？又爲何棄「用神」而獨厚星辰？乃因古代拜師者，不是把傳承當秘笈，食古不化；就是授業老師在傳承之時，故意將斗數分成四大門派，各立傳人。故斗數之不傳或傳承的不完整，實在不是星辰論命法之罪！

華山派重點在時空學，爲論「運」的學問，此與時下所謂「專家、權威人士」之

自序

算命的學問，完全不同；「算命」只是論述一些簡單的個性、喜好、前世、形剋、犯煞……等；不敢肯定時間，不敢肯定吉凶。「論運」則強調預知的功夫，預知人、事、物的時間發生點，及吉凶的結果論。唯有如此，紫微斗數的學問才能吸引高知識份子研究；也唯有講究學理、人證、物證、實驗……等方法，才能讓斗數登上學術之林。

總之，華山派紫微斗數乃集四大門派，合而爲一，讓「論運」的功夫，由「現象學」提升到「空間學」、「時間學」、「吉凶學」；是教人面對人生變化與無常，天命也；是讓人認命運勢之高潮與低潮，應用也。

「有運之人」，掌握人生巔峰，盡全力以赴；「無運之人」，充實人生之各種條件，準備再出發。此乃學習命理的目的，願以同好共勉，是盼。

鄭穆德　謹識

癸未年孟秋序於台中

目錄

目　錄

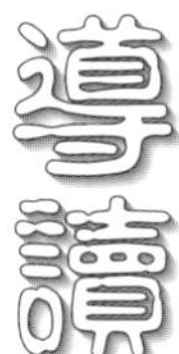
導讀

導讀

學習命理者首先必須清楚瞭解「完整合理學」的全貌，才不致於只會論述一些簡單枝節現象，如個性、胖瘦、喜好、前世、刑剋、犯煞……的現象而已，沒有肯定時間，沒有肯定吉凶。就因爲如此，論命者，只會吹噓大概？也許？可能是……？請教者的內心恐怕、或許、不一定會相信。

那麼什麼是「完整的命理學」呢？它包括了天時、地利、人和三大部分。

天時—命理　占50％　（機會）

地利—地理　占25％　（條件）

人和—條件　占25％　（努力）

即說明了成功者，一定經過努力，但努力之人，不一定有條件成功，最多只是上班族罷了；唯有俱足：

機會＋條件＋努力＝成功

其次，更要瞭解「命理」與「地理」的不同：命理者乃掌握人生之巔峰，充實人生之低潮；地理者乃佔據最有力之位置，充分利用空間。

命理—論「運」的學問。

—預知人、事、物的時間與吉凶。

—賺錢、意外、購屋、桃花……等時空，從何年起至何年止。

地理—地理位置的吉凶。

—松柏嶺玄天上帝廟爲何災禍連連？

—埔里張家，文昌位在廁所，屋後有懸崖，六十年前卻有博士三人、碩士四人。

—淡水三十年老字號餐廳，廁所門上放置神明位，卻一年淨賺幾百萬元。

然而，在各命理專家中，不是只談論人生的個性現象、三世因果，就是只會房屋立向、東西擺設；簡單的說，「命理」只論述一生之各種現象，哪有不準之理？「地理」不重視地理位置，豈有吉凶可言？如此簡單粗糙的戲弄百姓，把改運、補運、造命當成賺錢之方法，難怪，高知識份子中有不少人會把命理斥之爲無稽之談。

最後，筆者必須強調，在命理學派中唯一能夠完整敘述「運勢」者，只有華山派

紫微斗數；遺憾的是，至今仍無一本專論書籍，實讓斗數界千年蒙羞。衆所周知，命理學乃預知時空學的結果；四化爲斗數之用神，自化爲四化之精神，這正是華山派的重點，更是與各命理學派所不同之處。

華山派紫微斗數共分四大部分，各占四分之一強：

星　辰—時下流行之書籍，僅占紫微斗數四分之一強。
—現象學之單象解釋，點的功夫如卜卦。
—解釋個性、胖瘦、喜好、方向、趨勢……。

飛星四化—立體學之現象解釋，爲時空學的現象論。
—「想」的功夫，何時想投資？何時想結婚……？就是不能肯定時間，不能肯定吉凶。

生年四化—命中注定之人、事、物。
—存在論，格局論，運勢論。

自　化—時空學的時間與結果。
—人、事、物的因緣、變化、吉凶。

總之，清楚瞭解「完整的命理學」是何其重要，不但幫助你做生涯規劃，同時更

是你進退應對，何時爭取？何時捨得？何時放下之重要參考。才不至於遭受不學無術之命理業者或神明業者之拐騙所誤導。

四化入門篇

四化名詞解釋

一、簡稱與代號

①四化星代號：祿（A）、權（B）、科（C）、忌（D）＝M質。

②十二宮位簡稱：

命宮（命）、兄弟（兄）、夫妻（夫）、子女（子）、財帛（財）、疾厄（疾）、遷移（遷）、奴僕（奴）、官祿（官）、田宅（田）、福德（福）、父母（父）。

③紫微星系簡稱：天機（機）、太陽（日）、武曲（武）、天同（同）、廉貞（廉）。

天府星系簡稱：太陰（月）、貪狼（貪）、巨門（巨）、天相（相）、天梁（梁）、七殺（殺）、破軍（破）。

前世星辰簡稱：左輔（左）、右弼（右）、文昌（昌）文曲（曲）。

二、分陰陽星

紫微（女）星系：天機、太陽、武曲（女）、天同、廉貞（丙女）。

天府（男）星系：太陰（女）、貪狼、巨門（女）、天相、天梁、七殺、破軍（

女）。

前世星辰男女星：左輔、右弼（女）、文昌、文曲（女）。

三、六親宮、六陽宮、六陰宮、六外宮、六內宮

六親宮：命宮、兄弟宮、夫妻宮、子女宮、奴僕宮、父母宮。

六陽宮：命宮、夫妻宮、財帛宮、遷移宮、官祿宮、福德宮。

六陰宮：兄弟宮、子女宮、疾厄宮、奴僕宮、田宅宮、父母宮。

六內宮：命宮、財帛宮、官祿宮、田宅宮、福德宮、疾厄宮。

六外宮：兄弟宮、夫妻宮、子女宮、遷移宮、奴僕宮、父母宮。

四、四六合天心

四化：祿、權、科、忌。

六爻：祿權、祿科、祿忌、權科、權忌、科忌。

五、有其象必有其物

天命說—命中注定的事。

—夫妻宮化M質，有配偶的命。子女宮化M質，有子女的命

存在論—先天俱足的因緣。

—田宅宮化M質有房子的命。官祿宮化M質，有事業的命。

六、來因宮（與生年天干相同之宮位天干謂之；為前世未了的因緣，為過去因緣的來時路。）

左圖表為來因宮與四化間之解釋：

來因宮在子女宮

忌　在財帛宮：靠合作賺錢。

科　在兄弟宮：兄弟有子女。

權　在夫妻宮：合夥的事業。

祿　在命宮：有子女的命。

七、生年四化

乃根據出生年之天干而定，例如：戊戌年出生者，取天干之四化，即「貪狼化祿，太陰化權，右弼化科，天機化忌」，以此四化星曜，填寫入命盤上謂之「生年四化」。

八、飛星四化

乃根據宮位天干，飛出之四化到其他宮位謂之。例如：命宮化祿入夫妻宮；財帛

宮化權入官祿宮，稱之「飛星四化」。

九、自化與串聯

自化：乃本宮與對宮所化出之四化，即互為四化或本宮位自化謂之，分「向心力自化」與「離心力自化」兩種。

向心力自化：如左命盤田宅宮與官祿宮飛四化到對宮。

離心力自化：如左命盤疾厄宮與遷移宮自化現象。

串聯：乃兩宮位以上之相同自化現象謂之。例如：疾厄宮與遷移宮，皆相同離心力自化科現象。

	C↑	C↑	
奴	遷	疾	財
官		M	子
田		M	夫
福	父	命	兄

十、祿忌一組，權科一組

四化乃祿、權、科、忌也。重四化分明，各正其位，各盡其責；用每個時空之用神（祿權科忌），清楚表達每個當下的因緣現象。故重用神之組合，金水一家，木火同源，形成了論運的用神，即祿、忌一組，權、科一組。

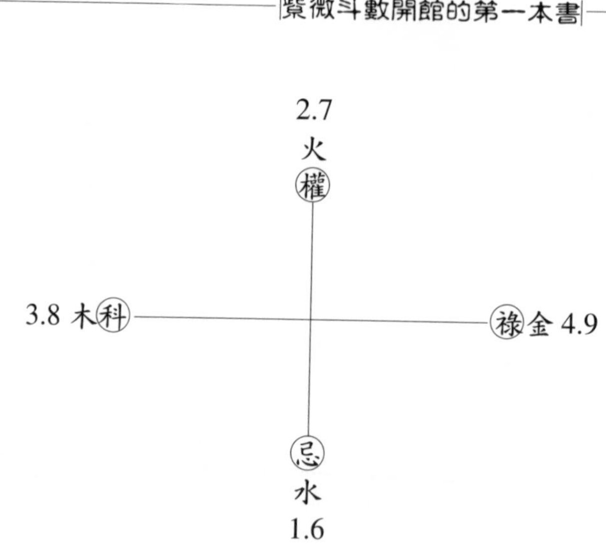

四化時空解釋

一、運勢的分類

本命：一生的運。
大限：十年的運。
流年：一年的運。
流月：一個月的運。
流日：一天的運。
流時：一時辰的運。

二、天地人三命盤：在天成象，在地成形，在人成事，即論命要一次活用三種命盤（本命、大限、流年），才算完整的論命學問。

本命
大限
流年
流月
流日
流時

論流年：大限化入本命，應流年。
論流月：流年化入大限，應流月。

三、宮位重疊：乃本命盤與大限盤重疊後，依據生年四化祿、權、科、忌論命，不用其他條件配合，也是完整的推命法。

大財 奴	大子 遷	Ⓓ 大夫 疾	大兄 財
Ⓑ 大疾 官			Ⓐ 大命 子
Ⓒ 大遷 田			大父 夫
大奴 福	大官 父	大田 命	大福 兄

化祿在本子、大命——此大限有子女、桃花。

化權在本官、大疾——此大限工作事必躬親。

化科在本田、大遷——此大限在外買不動產。

化忌在本疾、大夫——此大限夫妻無緣因緣。

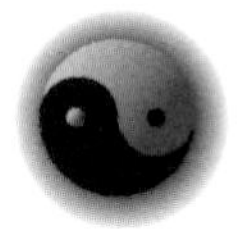

四、「體」與「用」之關係

大財 奴	大子 遷	大夫 疾	大兄 財
大疾 官	→ D		大命 子
大遷 田	→ D		大父 夫
大奴 福	大官 父	大田 命	大福 兄

「用」沖「體」：大官化忌沖本官表示大限之官祿出問題，大凶。

「體」沖「用」：本官沖大官，表示此大限之官祿宮有變化，次凶。

五、六親宮沖剋

奴	遷	疾	財
官	D		子
田	D		夫
福	父	命	兄

命宮化忌入官祿宮沖夫妻宮。

—表示與配偶無緣。

子女宮化忌入遷移宮沖命宮。

—表示與子女無緣。

六、祿（緣）、權（業）、科（情）、忌（債）

Ⓐ 奴	遷	疾	Ⓑ 財
官			Ⓓ 子
田			夫
福	父	Ⓒ 命	兄

化祿在奴—與朋友有緣。

化權在財—欠賺錢的業。

化科在命—我很重感情。

化忌在子—欠子女的債。

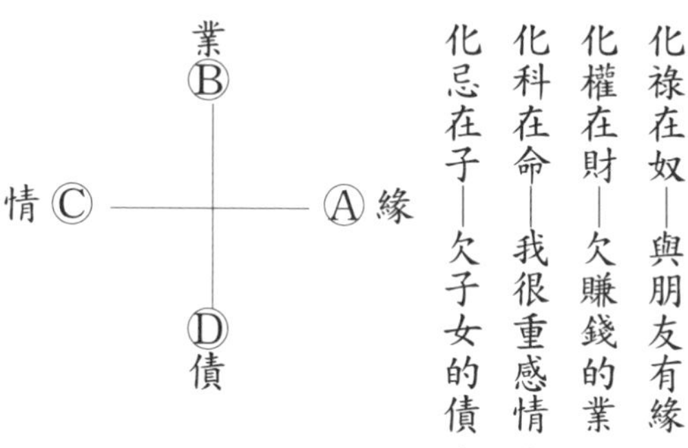

七、祿（緣起）、權（緣變）、科（緣續）、忌（緣滅）

Ⓑ 奴	遷	疾	財
Ⓓ 官			子
田			夫
Ⓒ 福	父	命	Ⓐ 兄

化祿在兄—異性因緣會緣起。

化權在奴—朋友因緣會變化。

化科在福—工作運勢會持續。

化忌在官—事業運勢會結束。

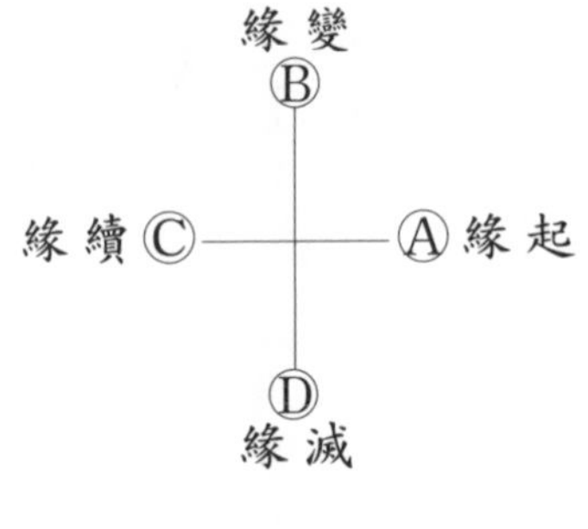

八、形上學與形下學

奴	遷	疾	Ⓑ 財 42/51
官			子 32/41
田			夫 22/31
福	父	命 2/11	兄 12/21

形上學：天命俱足。

本命財帛宮化權，表示此人一生很會賺錢，不是老闆命就是主管格。

形下學：行運走到。

行運走到第五大限42/51，表示此人已賺到錢，不是老闆，就是主管。

九、法象與平衡原理

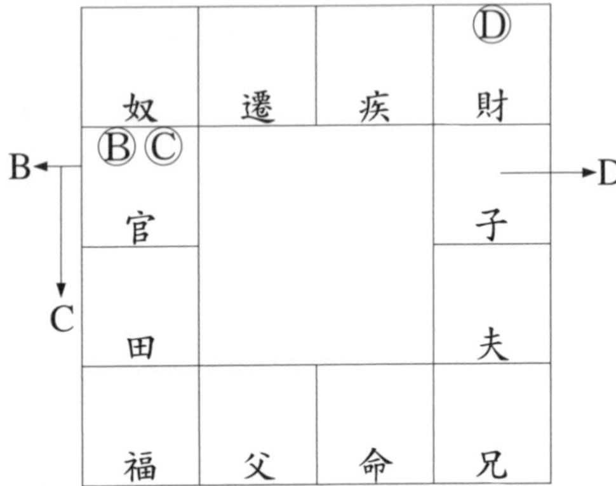

法象：不論飛星或自化，現象一定要回歸生年。如上圖財帛與子女之關係，解釋子女要花你的錢。

平衡：不同的宮位，生年四化或飛星四化或自化的現象，一定要平衡。如上圖官祿宮與田宅宮的關係，解釋事業的特性，為開店面或在居住處所營業。

四化基礎篇

四化如何論命

一、用十八顆主星排入十二宮位，即先排出自己的命盤。

主　星：

1.紫微、天機、太陽、武曲、天同、廉貞。

2.天府、太陰、貪狼、巨門、天相、天梁、七殺、破軍。

3.左輔、右弼、文昌、文曲。

十二宮位：

田宅	事業	奴僕	遷移
福德			疾厄
父母			財帛
命宮	兄弟	夫妻	子女

星辰十二宮位：

太陰 奴	貪狼 遷	天同 巨門 疾	武曲 天相 財
天府 廉貞 官			太陽 天梁 子
田			七殺 夫
破軍 福	父	紫微 命	天機 兄

二、藉由十天干求出四化星所落的宮位與自化的組合論命，即依據個人命盤，以生年四化、飛星四化、自化、星辰論命。

四化曜星：化祿＝A　化權＝B　化科＝C　化忌＝D

四化 天干	化祿	化權	化科	化忌
甲	廉	破	武	陽
乙	機	梁	紫	陰
丙	同	機	昌	廉
丁	陰	同	機	巨
戊	貪	陰	弼	機
己	武	貪	梁	曲
庚	陽	武	陰	同
辛	巨	陽	曲	昌
壬	梁	紫	輔	武
癸	破	巨	陰	貪

星辰＋十二宮位＋四化組合：

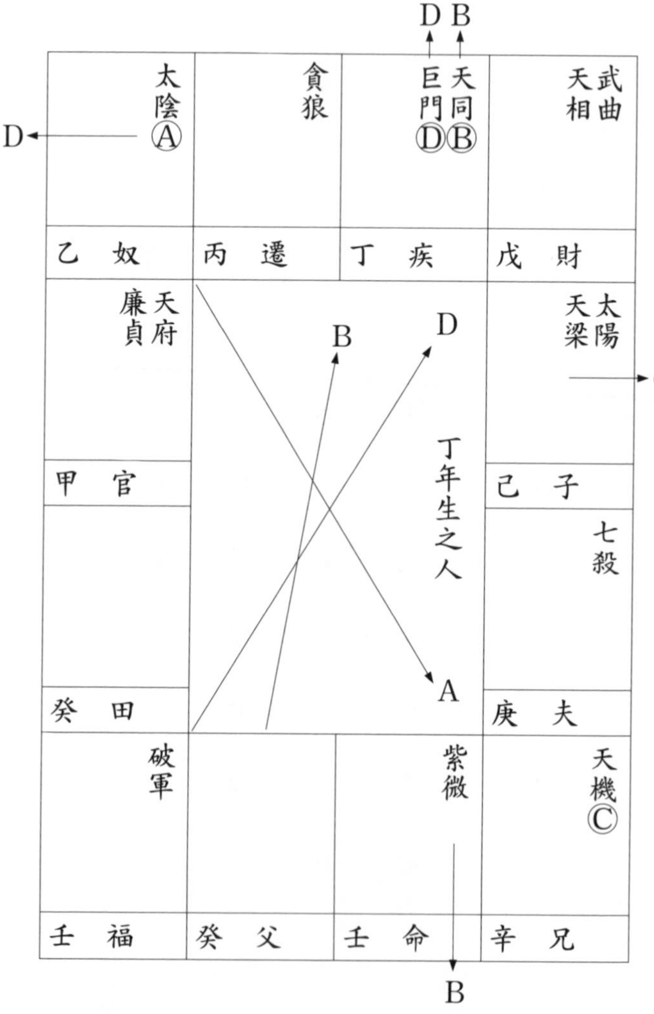

太陰Ⓐ → D 乙　奴	貪狼 丙　遷	天同Ⓑ → B 巨門Ⓓ → D 丁　疾	武曲 天相 戊　財
天府 廉貞 甲　官	丁年生之人		太陽 天梁 → C 己　子
癸　田			七殺 庚　夫
破軍 壬　福	癸　父	紫微 → B 壬　命	天機Ⓒ 辛　兄

三、論命之四種方法

①生年四化之定數法：生年四化乃祿（A）、權（B）、科（C）、忌（D）＝M質，生年四化所在之宮位，乃命中注定的人、事、物宮位，爲有其象（M質），必有其物（事實），此乃天命之旨意，爲存在因緣。例如：

M質在子女宮：在人位解釋—有子女或有桃花。

在事位解釋—開店面或工廠的生意。

在物位解釋—合夥或合作的因緣。

M質在財帛宮：在人位解釋—對象或配偶。

在事位解釋—投資者與上班族的區別。

在物位解釋—表示先天財運的機緣。

②飛星四化之空間法：自己在十二宮中設定某一宮位爲我宮位，此宮位之宮位天干，飛出之四化到其他宮位，即十一宮位中的某一宮位，形成我宮與他宮之兩個宮位，稱之爲重疊，而重疊後的解

釋就是兩個宮位變為一個宮位的解釋，這也是空間所在位置。例如：

A、官祿宮飛出M質到田宅宮，解釋我想開店面做生意或我的事業為店面、工廠因緣。

B、奴僕宮飛出M質到疾厄宮，解釋有人想與我做朋友或我有得到朋友的因緣。

③自化之吉凶法：此方法乃依據生年四化所在宮位，定終究論或吉凶論，即不論離心力自化或向心力自化，兩者皆要回歸（法象）生年四化，論述究竟發生什麼事物或吉凶之結果。例如：

A、財帛宮坐生年M質又向心力自化M質入福德宮，解釋我有錢（吉象），一定會花費在興趣或享受方面（凶象）。

B、財帛宮坐生年科星，子女宮離心力自化科，兩者組合後解釋，子女會花我的錢或我的錢一定要花在子女身上。特別注意，此處所指的兩個宮位，所化之生年四化及自化一定要相同四化星，才能如此解釋。

④星辰之現象法：此乃現象學的學問，只是現象，不是吉凶；論命時強調吉凶，

必定錯誤百出，自毀信心與權威。星辰論命法爲時下流行之書籍所介紹，在此不再重複論述。

十二宮位的基本內涵

命　宮

一、在人：個性、才華、內心世界之眞我。

二、在事：先天官祿因緣之有無。

三、在物：意外、情緣、與財帛有關之定數。

兄弟宮

一、在人：兄弟、姊妹、母親、姻緣。

二、在事：驛馬

三、在物：借貸行爲、不動產。

夫妻宮

一、在人：配偶、異性緣。

二、在事：先天事業之格局。

三、在物：婚姻對待關係。

子女宮

一、在人：子女、桃花、異性緣、學生、意外。

二、在事：驛馬、出差、店面。

三、在物：合夥、合作。

財帛宮

一、在人：對象、配偶。

二、在事：投資者與上班族的區別。

三、在物：表示先天財運的機緣指賺錢。

疾厄宮

一、在人：思維、脾氣、勞力。

二、在事：靠勞碌、身體賺錢。

三、在物：健康、災厄、意外。

遷移宮

一、在人：個性、夫妻、老運。

二、在事：驛馬、出外、出國、移民。
三、在物：指出外的一切因緣。

奴僕宮

一、在人：朋友、部屬、同事、子女、桃花、異性緣。
二、在事：合作、合夥、人際關係。
三、在物：借貸。

官祿宮

一、在人：異性緣、男女情緣。
二、在事：工作、事業、職業、功名、學校。
三、在物：先天運勢強弱與否。

田宅宮

一、在人：家族、親戚、小家庭、家運因緣。
二、在事、搬家、意外、店面、工廠。
三、在物：產業、祖業、先天不動產之格局。

福德宮

一、在人：公媽、福報、祖蔭、因果位。

二、在事：嗜好、享受。

三、在物：指賺錢、應酬。

父母宮

一、在人：父母、長輩、上司、貴人。

二、在事：公家、學校、銀行、功名、服務業、仲介業、保險業。

三、在物：合作、文書、客源、上游。

四化與六爻之精解

紫微斗數以四化爲用神，四化窮理氣，求數象；數象明，天意定也。天意之定數，前世之果報，又如何能夠瞭解明白？四六合乃天之心，上天祂藉由單象四化與雙象六爻之象意，來告訴研究命理者，推究人、事、物之物相，四化爲祿、權、科、忌（因緣定數位），六爻爲祿權、祿科、祿忌、權科、權忌、科忌（絕對時空位），而四化與六爻運用在命盤上，看似錯綜複雜，變化萬千；然而，代入公式組合後，出現的只是人生運勢上，緣起、緣變、緣續、緣滅之人、事、物的因緣而已。此乃紫微斗數論運的內涵，並非江湖術士把命理與宗教結合後，藉著宗教神秘色彩及問命者面對人生無常生滅之恐懼而妄下斷語。

在天成象—單象四化乃天命之現象因緣。

在地成形—雙象四化爲絕對之現象與時空。

在人成事—三象一物造就了人生運勢上之定數。

以此天、地、人的因緣，應用在本命命盤及大限命盤，則人的一生之吉凶禍福或十年運勢的起伏，皆一目瞭然，這正是作者解釋四化與六爻的方式。

現就本命命盤、大限命盤、流年命盤與四化及六爻之運用如下：

本命命盤：在十二宮位可以單獨解釋四化與六爻之各種人、事、物的現象（如圖表）。例如：

㈠夫妻宮坐生年忌星：表示會結婚，但也會口角、摩擦、虧欠、傷害……之無緣對待。

㈡官祿宮坐生年權星忌星：表示有二種以上的賺錢機會（雙象）或此命之人的事業爲是非因緣，不是當司法有關之人員，就是行運會走官訟或是非之因緣。

大限命盤：在十二宮位可以單獨解釋四化與六爻之各種人、事、物的現象（如圖表）或大限命盤與本命命盤重疊後之現象先做解釋，再來解釋四化與六爻之人、事、物現象。例如：

㈠大限命宮重疊本命子女宮坐生年權星：

大命（本子）化權星，解釋上先論此命之人，此大限以合夥或合作爲事

業之條件，再解釋此大限可以升遷或創業。

(二)大限命宮重疊本命官祿宮坐生年忌星：

大命（本官）化忌星，解釋上先論此命之人，此大限為上班的時空，再解釋此大限有緣起或緣滅之事業因緣。

流年命盤：這是一般讀者最不容易分清楚的命盤，要知道不是流年論命法用流年盤，而是本命命盤與大限命盤之重疊現象，正是流年論命法的論命公式所在。

例如：

(一)大限命宮重疊本命子女宮坐生年權星在九十三年（未宮）：

大命（本子）化權星在未宮，表示九十三年會發生前項大限命盤之現象，此乃流年論命法。

(二)大限命宮重疊本命官祿宮坐生年忌星在九十三年（未宮）：

大命（本官）化忌星在未宮，表示九十三年會發生前項大限命盤之現象，此乃流年論命法。

四化／項目	祿（緣起）	權（緣變）
人	1.人緣、隨和、廣緣、輕財。 2.異性緣、悟性高、無定性。 3.沒主見、耳根輕、有人蔭。 4.對內主觀固執。 5.新歡—不同人又起。	1.對內之愛。 2.親情、重情、專制、革新。 3.愛現、了業、權勢、掌權。 4.領導、威嚴、任性、霸氣。 5.爭執、變化、衝突、突變。 6.天意、孤獨、自立、無奈。 7.面對無常人生。
物	1.增加、增多、食祿。 2.資金流通性。 3.投資生意性。	1.技能、專業、業務、外務。 2.外交、工程、管理、戰略。 3.增加、增多、增值、傷害。 4.理化科系。 5.動態行爲。
事	1.新的開始。 2.新的變化。 3.新的因緣。 4.加薪升遷。	1.成就、勞心、調動、升遷。 2.主管、老闆、專業、師格。 3.事必躬親、自然之變。 4.不能持久性—天變。 5.新的裡面產生變化。

科（緣續）	忌（緣滅）
1.舊愛、情侶、念舊、桃花。 2.健康、麻煩、囉嗦、矛盾。 3.惜情、斯文、風度、幽默。 4.愛面子、寂寞心、異性緣。 5.回顧性—多愁善感。 6.理想性—知音難逢。	1.內向、執著、在意、勞碌。 2.固執、虧欠、溺愛、無緣。 3.嘮叨、怨嘆、摩擦、報復。 4.是非、守舊。 5.看不開、捨不得、放不下。 6.還前世因果之債。 7.有制的情、愛、緣。 8.不是結束就是開始。
1.才藝、美術、藝術、設計。 2.文書、教師、行政、顧問。 3.幕僚、參謀、資政。 4.文學院。 5.靜態行爲。	1.現金、收藏、災厄、傷害。 2.重視財帛之安定性。 3.住宅之不安寧性。 4.東西不喜歡他人使用。
1.功名、聲望、守舊、保守。 2.守成、煩心。 3.易失良機。 4.不能作主。 5.不喜變心。 6.爲臣不爲君。 7.現有的持續經營。	1.辛苦、不順、困擾、阻礙。 2.上班族。 3.不知變通。 4.凡事靠自己。 5.結束已有事業。 6.不利的因緣變化。 7.占有的捨不得放棄。 8.想安定卻不得安定。

項目＼雙象	祿權	祿科	祿忌
特性	1.商場生意格。 2.利大於名之天性。 3.財官俱足之因緣。 4.與人有對之情緣。	1.名大於利之天性。 2.男女戀情之定數。 3.巧藝維生。 4.文藝型生意格。	1.直。 2.現金買賣之投資。 3.上班性生意格。 4.財帛、情感永遠與人扯不清。

項目＼雙象	權科	權忌	科忌
特性	1.曲。 2.師字輩。 3.幕後人員。 4.才藝、設計、仲介、顧問。 5.以專技才藝爲主的行業。	1.善變、突變、無奈之人生際遇。 2.天地人、事、物之定位、定緣、天份。 3.先忌後權，環境倍加辛苦。 4.專業、專技、刑事之師字輩。 5.以技能或薪俸爲主之行業。 6.面對多變之三世因緣。	1.上班格之天性。 2.藕斷絲連、拖拖拉拉之性格。 3.先經歷忌星後，才能安定。 4.面對嘮叨、怨嘆、糾纏、是非之因緣。 5.以學術、才藝、勞碌性爲主行業。

生年四化在十二宮位之淺釋

命　宮

祿：隨和，無定性，有人蔭，新歡緣。

權：才華，主觀，責任，業障，專業，主管，老闆命。

科：學才藝，教才華，隨和性，舊愛情。

忌：內向，勞碌，不順，阻礙，靠自己，欠衆生，怨憎會，愛別離。

兄弟宮

祿：手足緣深，起今生再續的緣。

權：手足情深，了前世因緣的業。

科：好才藝，重情緣，續三世因果的情。

忌：手足相欠債，還過去因緣的債。

夫妻宮

祿：婚後運勢轉吉，配偶人緣好。
權：本人事必躬親，配偶帶業今生。
科：配偶喜詩情畫意，羅曼蒂克，愛回憶過去情境。
忌：婚姻無緣格，恩愛不長久，上班的時空。

子女宮

祿：子女有人緣，長輩蔭。
權：異性緣，子女主觀，才幹，難管。
科：子女好學，有人緣，重面子，桃花不易斷。
忌：子女無緣格，意外命，家庭緣不長久，異性緣帶傷害。

財帛宮

祿：加薪，升遷，生意緣，老闆命，自立謀生格。
權：加薪，升遷，專業，主管，老闆格。
科：才藝，幕僚，守成，原有的事業持續經營。
忌：摩擦，困擾，辛苦，是非，上班，財帛再次因緣。

疾厄宮

祿：對人和善，胖的條件，輕鬆自在。

權：是非傷害，意外因緣，勞碌生活。

科：幼年多病，在意別人，工作煩心。

忌：意外傷害，是非因緣，做事勞力。

遷移宮

祿：在外會遇到好的因緣。

權：在外表現才華，受人器重。

科：出外得貴人扶助，有美麗情緣之際遇。

忌：注定出外命，否則本人發展受限，是非、不順、阻礙可減輕意外現象。

奴僕宮

祿：得朋友因緣、助緣。

權：重朋友情，得朋友助。

科：異性緣起，桃花情濃。

忌：朋友相欠債，得朋友後爲分手的開始。

官祿宮

祿：加薪，升遷，自立，創業之因緣。
權：掌事業運途之大限，得事業成就之因緣。
科：守成的環境，才藝的人生，不變的情緣。
忌：有工作的天命，上班族的時空。

田宅宮

祿：得祖產命，創小家庭格。
權：不動產異動象，家庭因緣強。
科：家庭情緣重，祖產存在緣。
忌：祖產先敗後成，家庭不得安寧象。

福德宮

祿：命中宜做嗜好、興趣的行業。
權：人、事、物的蔭德重，得福報的天命緣。
科：人生重享受，生活較講究。
忌：福德不全，得到什麼一定要再失去什麼。

父母宮

祿：有祖上之庇蔭，得長上的情緣。

權：走祖蔭之時空，應用公家之註定。

科：得貴人之相助，教才藝之行運。

忌：長輩無情格，卻反要住在一起生活苦。

十干化曜基本內涵

生年甲干

廉貞化祿：

1. 有意想不到的人、事、物因緣。
2. 收紅包，走後門，私房錢爲其本質。
3. 電腦、電器、山坡地、有利盡性。

破軍化權：

1. 波浪人生。
2. 破耗星不利夫妻宮。
3. 宜做財帛異動的行業。
4. 變動，橫發，偏財之人、事、物時空。

武曲化科：

1. 與金融業特別有緣。
2. 有形物，一定要履行。
3. 緣續乃化科之不二法門。
4. 財星，必先出名才能得利。

太陽化忌：

1. 官祿主，不利男性。
2. 會遇權星，是非加身。
3. 所知障，故要破我執。
4. 上班時空，大變動的行運。

生年乙干

天機化祿：

1. 心捨、放下，就能掌握天運命中注定之事，終需緣起。
2. 有五術、宗教、服務、輪業之機緣。

天梁化權：

1. 人生有不得不變動之因緣。

2.主觀、原則、公平可表現出清顯美德。
3.有中藥、五術、宗教之人生際遇。

紫微化科：

1.逢貴人提攜之情緣。
2.帝王星化科，最適合名聲的行業。
3.對內孤獨，有責任感，讓你的人生不能瀟灑。

太陰化忌：

1.入命、財、官，不利女性。
2.田宅主，家運不得安寧。
3.有不動產的注定，不能違背之天意。
4.干涉或約束女人，就與女人無緣。

生年丙干

天同化祿：

1.忠厚老實面孔迎人，爲一切緣起。
2.修行可幫助衆生，修行可盡命。

3.有食祿，有福蔭，可從事服務業、服飾業、餐飲業。

天機化權：

1.驛馬星化權，乃大變動之運也。

2.成功者的背後，一定用謙卑的微笑。

3.有三寸不爛之舌的特質，口才行業很適合。

4.行運之重點在做對的因緣，主動、積極乃化權之人生哲學。

文昌化科：

1.才藝人生，天命注定，一切只等待時機來臨。

2.才藝星化科，功成名就之路不遠了。

3.有意識上的自尊，故行運要踏著別人腳步而行。

廉貞化忌：

1.踢到鐵板，才會聽進去老人言。

2.女命依賴男人，因男人爲其貴人。

3.上班時空，凡事多修心養性，等待下一次高潮。

4.主善惡，因桃花、是非、官訟糾紛而損財。

生年丁干

太陰化祿：

1. 已有的東西，要讓別人欣賞。
2. 財帛主，田宅主，吉星高照，應善加利用。
3. 男人重享受，因女性而得財得貴。

天同化權：

1. 此限有開創新局面的能力。
2. 化權的重點在急流勇退。
3. 善於批判，丁年生人有利辯護因緣。
4. 權星會跟著太陽星走，重視事業。
5. 爲臣不爲君，老二哲學。

天機化科：

1. 才智星化科，巧藝爲生。
2. 教書歲月，成就學生，成就自己。
3. 名聲才能保障得利，惜才反陷是非。

巨門化忌：

1. 是非口舌星，容易得罪人而不自知。
2. 地盤星辰，等待因緣，說也沒有用。
3. 凡陰廟、地理、風水、夜間部、走私貨、地下化皆其本質。

生年戊干

貪狼化祿：

1. 失去會帶來更多福報。
2. 人生走晚運，不發少年郎。
3. 人緣財，服務業，生意格。

太陰化權：

1. 藉假修眞，衆生爲成佛的條件。
2. 田宅主，增加、變動、搬遷乃存在因緣。
3. 女人爲貴人，不能得罪，否則災禍連連。

右弼化科：

1. 桃花各自爲政，沒有住在一起的因緣。

2. 已俱足善根，才能等待因緣，有心路歷程者得之。

3. 風流多才子，向前、向上、功名可替代桃花命。

天機化忌：

1. 驛馬星動，他鄉逢貴，異路功名。

2. 意外時空，宜注意四肢外傷。

3. 心思不寧，修心養性可化解危機。

生年己干

武曲化祿：

1. 偏財、橫發是前世因緣。

2. 武曲喜會貪狼星，生意奇才。

3. 入六內蔭人，入六外得他人之助。

貪狼化權：

1. 在意世俗，老天爺會不疼惜你。

2. 財星喜化權，銳利不可擋。

3. 喜逢發揮天年，男命要改變攻擊型態。

天梁化科：

2. 壽星化科，健康有問題。
3. 清高星化科，可留名一方。
4. 五術、宗教、醫術之行業已在業障中，可留名聲。

文曲化忌：

1. 不要雞婆，否則，願以心違。
2. 前世星辰，在業障中，不放下，多是非。
3. 文書、支票、背書、做保，乃出問題的時空。

生年庚干

太陽化祿：

1. 官祿主，辛苦中求財。
2. 男主內，女主外，賺錢交由太太處理。
3. 男命事業運已俱足，不可強求。

武曲化權：

1. 孤剋星化權，主觀強，不利外緣。

2. 經歷劫難後，才能發揮它的光輝。
3. 女性掌管財源，靈活運用於投資。
4. 累世之劫乃人生道場，歡喜心就是修行。

太陰化科：

1. 女命宜以才藝為生。
2. 健康、桃花為過去因緣的來時路。
3. 田宅主，宜從事不動產及衣食之行業。

天同化忌：

1. 福星化忌，人生會不快樂。
2. 衰運佈施，會得到薄情郎。
3. 福不全，得到什麼？一定要先失去什麼？

生年辛干

巨門化祿：

1. 口才、食祿為其緣起因緣。
2. 女命講話很靈，不可隨便論述，否則刑傷自己。

3. 大地回春，欣欣向榮，但女性會勞碌面對人、事、物。

太陽化權：

1. 運勢強時要留餘地。
2. 專業、主管、老闆格，正令中，順理成章，做就對了。
3. 形而上的功夫，爲修行之開始；本已俱足，何需煩心。
4. 變動、驛馬、強勢會帶來收穫。

文曲化科：

1. 巧藝爲生，偏財爲業。
2. 太多的幸運，反而忘了事業過程中的貴人。
3. 以出名的思維，做未來的事業，有意想不到之幸運。

文昌化忌：

1. 人盤星辰性不定，修行路上多阻礙。
2. 文書、支票、背書、做保之不利時空。
3. 會自認比別人聰明，故不能寵他。

天梁化祿：

1.壽星化祿，花錢可以消災解禍。

2.得長輩之蔭，積善人家必有餘慶。

3.五術、公職爲其因果，不義之財，會出皮漏。

紫微化權：

1.帝王星化權，有威嚴，有權勢，有實權。

2.得名得權不重金錢，否則反遭污名之累。

3.受人尊敬不是應該的，有了益友才能長久。

左輔化科：

1.六度放行宜精進，不只是放生或佈施而已。

2.左輔之煞你永遠看不到，主導生命的星辰。

3.前與古人同根，後與來者同源，現與衆生休戚。

4.當運之時，可名利雙收。

武曲化忌：

1.勞碌的財星，會有無力感，力不從心。

2. 財星化忌，最不利投資的天年。主觀太強，會阻礙與人之對待。

生年癸干

破軍化祿：

1. 性難明，海底針，故不喜歡別人管。
2. 臨時性之消遣會贏，否則久賭必輸。
3. 財星高照，衣食不缺，路邊生意反興隆。

巨門化權：

1. 性不明，帶無明，不用太多原因。
2. 講話很靈驗，不理她爲上策。
3. 口才佳，反應好，以口爲主的行業最有利。

太陰化科：

1. 幻覺人生礙手礙腳；多罣礙，很難成事。
2. 不是活在當下，坐忘，觀空最好。
3. 藉女性來成就自己，而不是在意、在乎她。

貪狼化忌：

1. 桃花、官非會破財。
2. 人生遇瓶頸，了願，了業，了註定。
3. 即早修行，可減輕貪狼星之災厄。
4. 男命，女性爲貴人，逢女必發。

飛星四化篇

「飛星四化」之解釋

為現象的學問，為「想」的功夫，解釋時一定要做廣義方式表達，才能滿足所有的現象。

武曲 破軍 丁奴	太陽 戊遷	天府 己疾	天機 太陰 庚財
天同 丙官			紫微 貪狼 A 辛子
乙田		B	巨門 壬夫
甲福	廉貞 七殺 乙父	天梁 甲命	天相 癸兄

「飛星四化」：為我宮位之宮位天干，飛出之四化到其他宮位。

一、如上圖，田宅宮飛出化權星到命宮，謂之飛星四化。

二、如上圖，遷移宮飛出之祿星到子女宮，謂之飛星四化。

M質在十二宮解釋

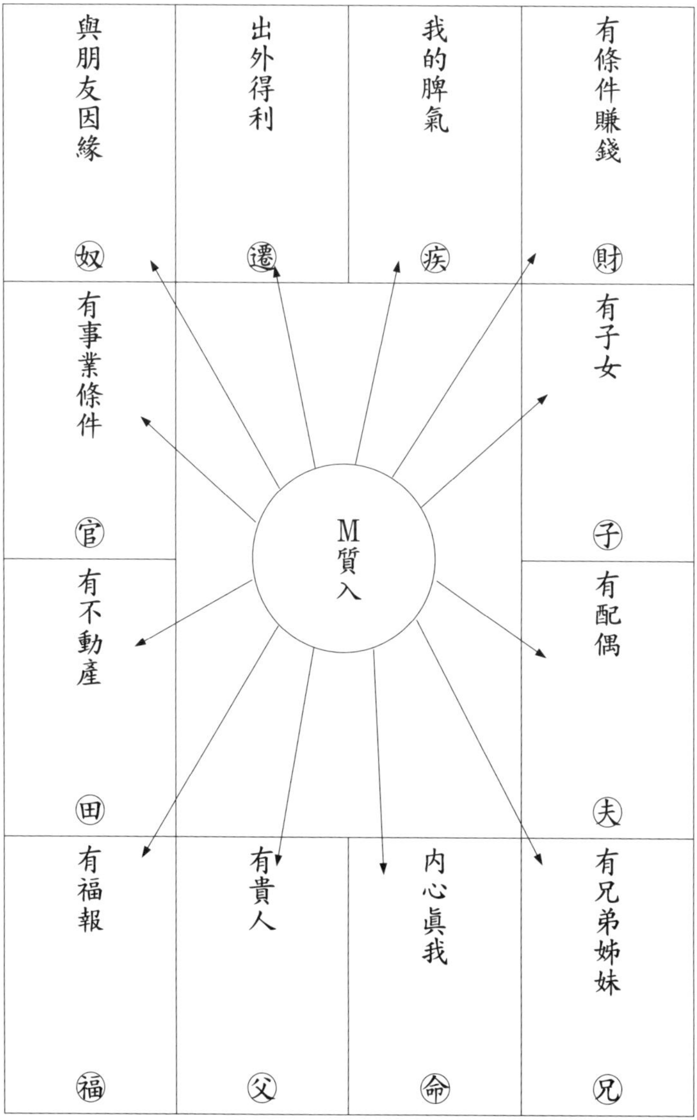

與朋友因緣 奴	出外得利 遷	我的脾氣 疾	有條件賺錢 財
有事業條件 官	M質入		有子女 子
有不動產 田			有配偶 夫
有福報 福	有貴人 父	内心眞我 命	有兄弟姊妹 兄

重疊盤的技巧

命宮四化入十二宮

我要朋友 奴	我要出外 遷	我的身體 疾	我想賺錢 財
我要工作 官	命入		想要子女 子
得不動產 田			想結婚 夫
爲興趣 重享受 福	關心父母 父	命	關心兄弟姊妹 兄

兄弟宮四化入十二宮

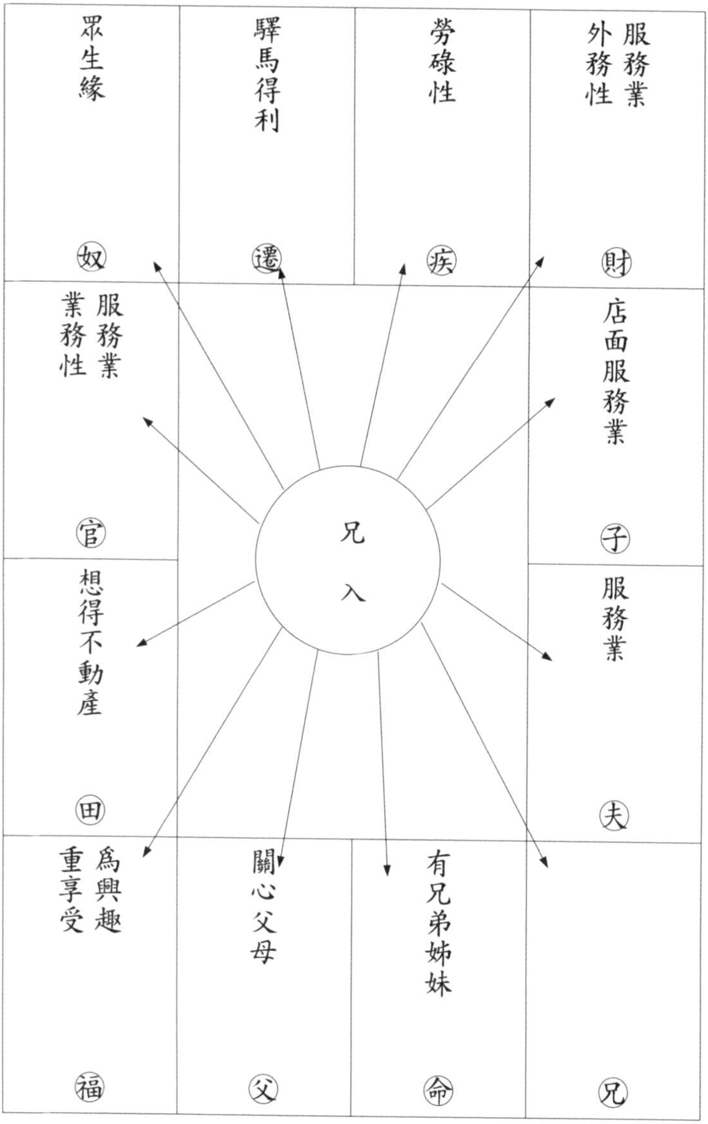

奴	遷	疾	財
眾生緣	驛馬得利	勞碌性	服務業 外務性

官		子
服務業 業務性	兄入	店面服務業

田		夫
想得不動產		服務業

福	父	命	兄
爲興趣 重享受	關心父母	有兄弟姊妹	

夫妻宮四化入十二宮

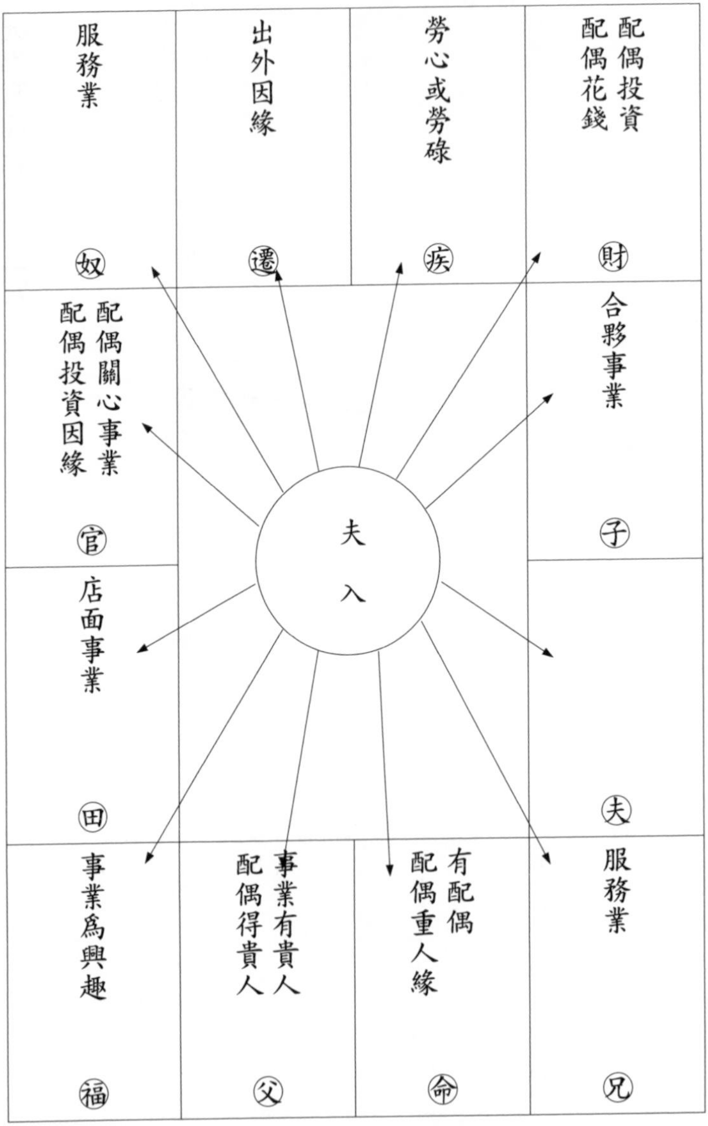

奴	遷	疾	財
服務業	出外因緣	勞心或勞碌	配偶投資 配偶花錢
官 配偶關心事業 配偶投資因緣	夫入		**子** 合夥事業
田 店面事業			**夫**
福 事業爲興趣	**父** 事業有貴人 配偶得貴人	**命** 有配偶 配偶重人緣	**兄** 服務業

子女宮四化入十二宮

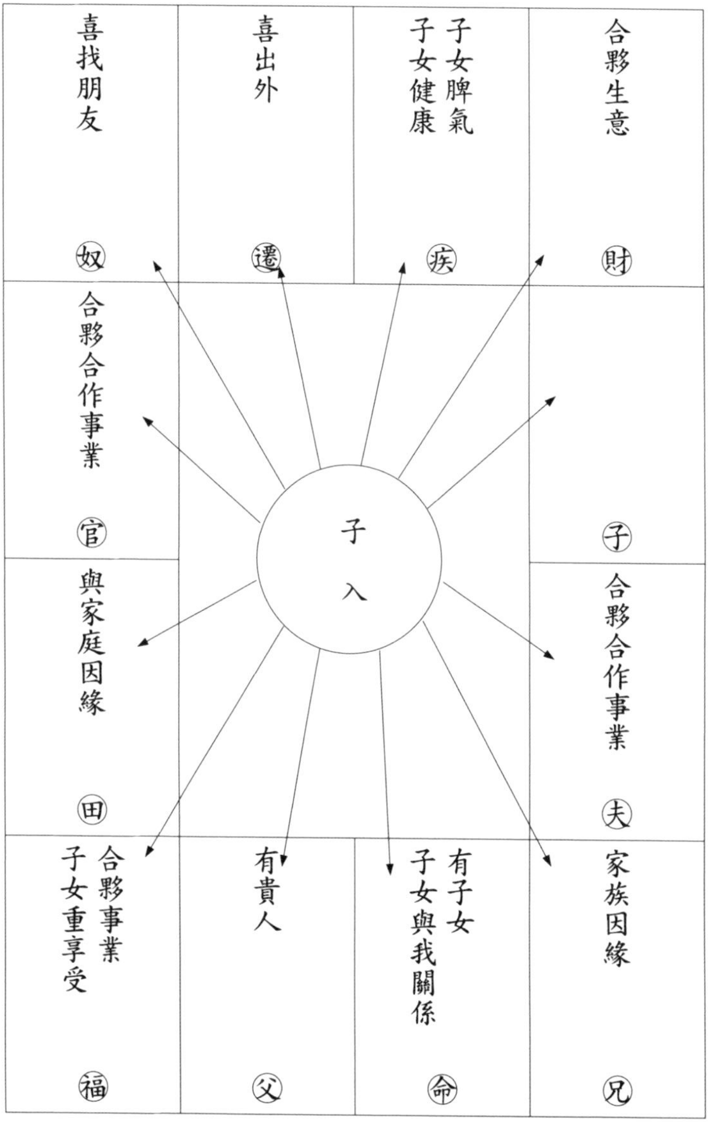

奴	遷	疾	財
喜找朋友	喜出外	子女脾氣 子女健康	合夥生意
官：合夥合作事業	子入		子
田：與家庭因緣			夫：合夥合作事業
合夥事業 子女重享受	有貴人	有子女 子女與我關係	家族因緣
福	父	命	兄

財帛宮四化入十二宮

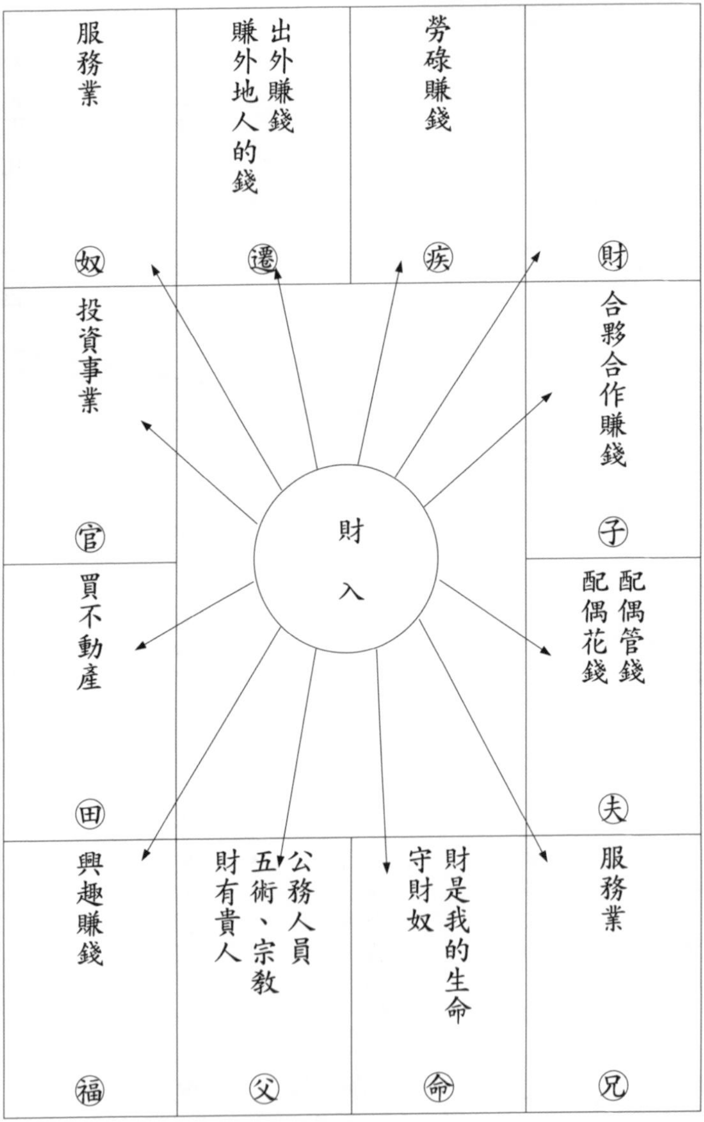

服務業 奴	出外賺錢 賺外地人的錢 遷	勞碌賺錢 疾	財
投資事業 官			合夥合作賺錢 子
買不動產 田	財入		配偶管錢 配偶花錢 夫
興趣賺錢 福	公務人員 五術、宗教 財有貴人 父	財是我的生命 守財奴 命	服務業 兄

疾厄宮四化入十二宮

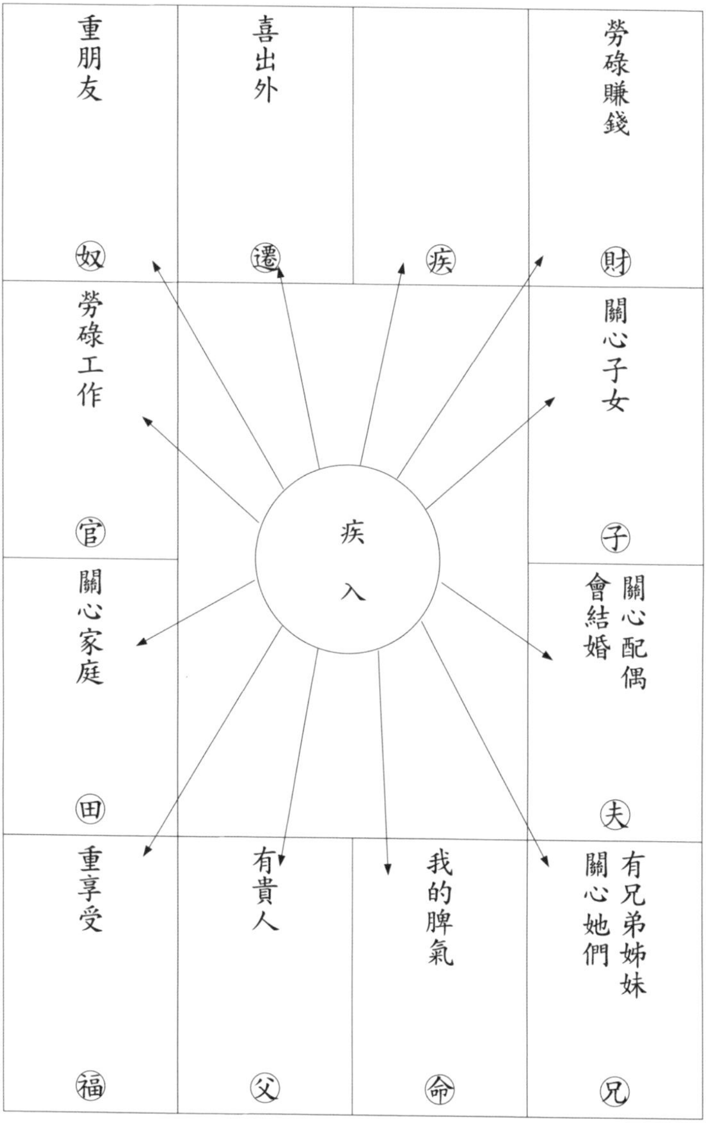

重朋友 奴	喜出外 遷	疾	勞祿賺錢 財
勞祿工作 官	疾入		關心子女 子
關心家庭 田			關心配偶會結婚 夫
重享受 福	有貴人 父	我的脾氣 命	有兄弟姊妹關心她們 兄

遷移宮四化入十二宮

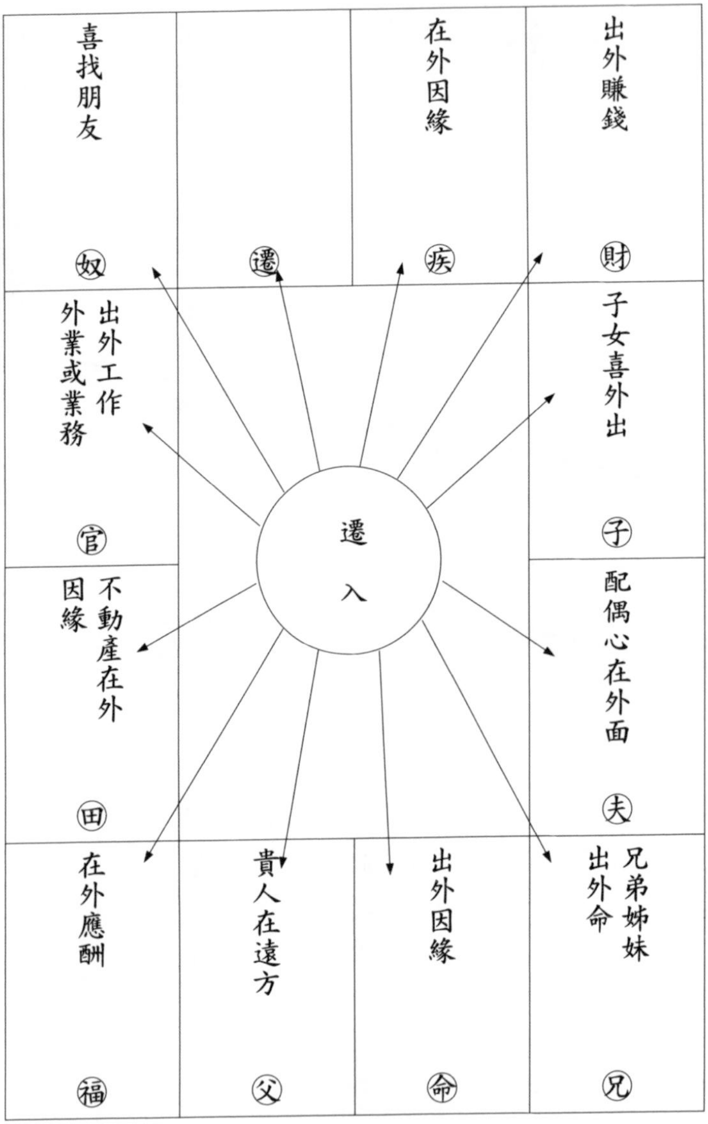

喜找朋友 奴	遷	在外因緣 疾	出外賺錢 財
出外工作 外業或業務 官	遷入		子女喜外出 子
不動產在外 因緣 田			配偶心在外面 夫
在外應酬 福	貴人在遠方 父	出外因緣 命	兄弟姊妹 出外命 兄

交友宮四化入十二宮位

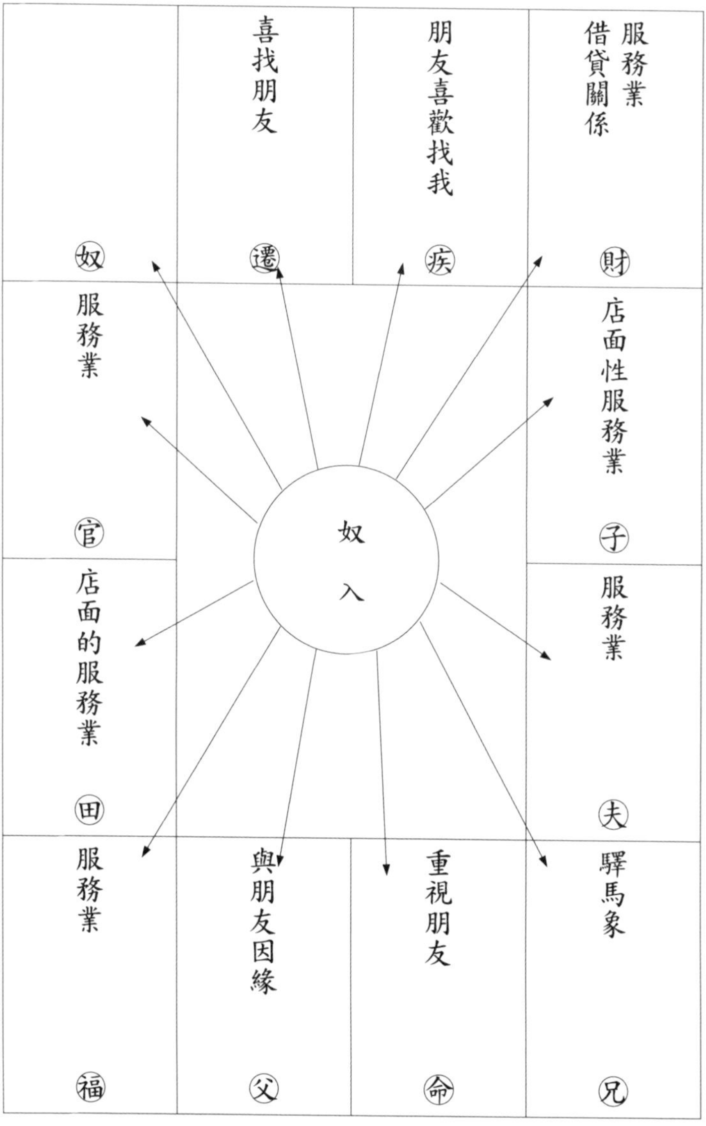

奴	遷	疾	財
	喜找朋友	朋友喜歡找我	服務業 借貸關係

官	奴入	子
服務業		店面性服務業

田	奴入	夫
店面的服務業		服務業

福	父	命	兄
服務業	與朋友因緣	重視朋友	驛馬象

官祿宮四化入十二宮

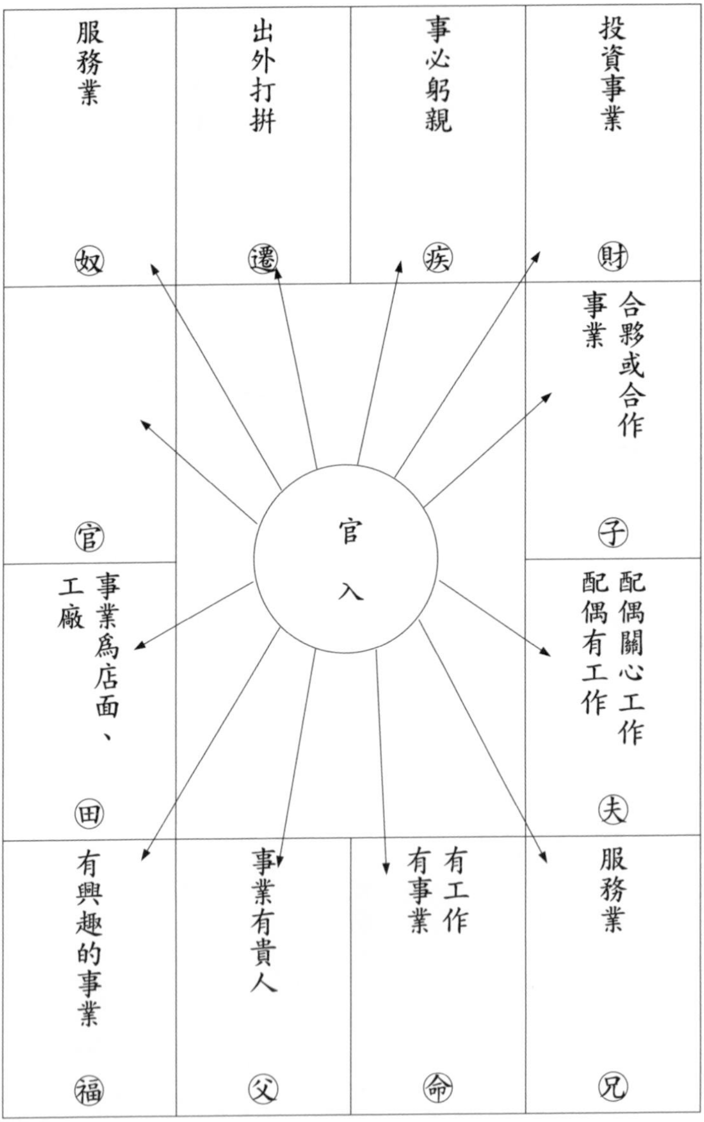

服務業 奴	出外打拼 遷	事必躬親 疾	投資事業 財
官	官入		合夥或合作事業 子
事業爲店面、工廠 田			配偶關心工作 配偶有工作 夫
有興趣的事業 福	事業有貴人 父	有工作 有事業 命	服務業 兄

田宅宮四化入十二宮

重視朋友 奴	與外地有因緣 遷	家庭關係 疾	店面生意 財
店面生意 官			給子女不動產 子
田	田入		店面事業 配偶有不動產 夫
買不動產 我的興趣 福	父母有不動產 父	有不動產 命	兄弟姊妹 有不動產 兄

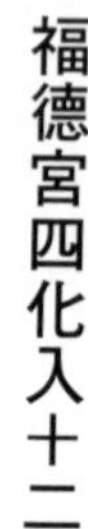

應酬 重視朋友 奴	應酬多 出外賺錢 遷	爲興趣重享受 疾	重享受喜花錢 財
我的工作 興趣嗜好 官	福入		合夥生意 公媽疼大孫 子
祖蔭 田			配偶重享受 配偶有福報 夫
福	積善人家 父	我有祖蔭 命	兄弟姊妹 有福報 兄

父母宮四化入十二宮

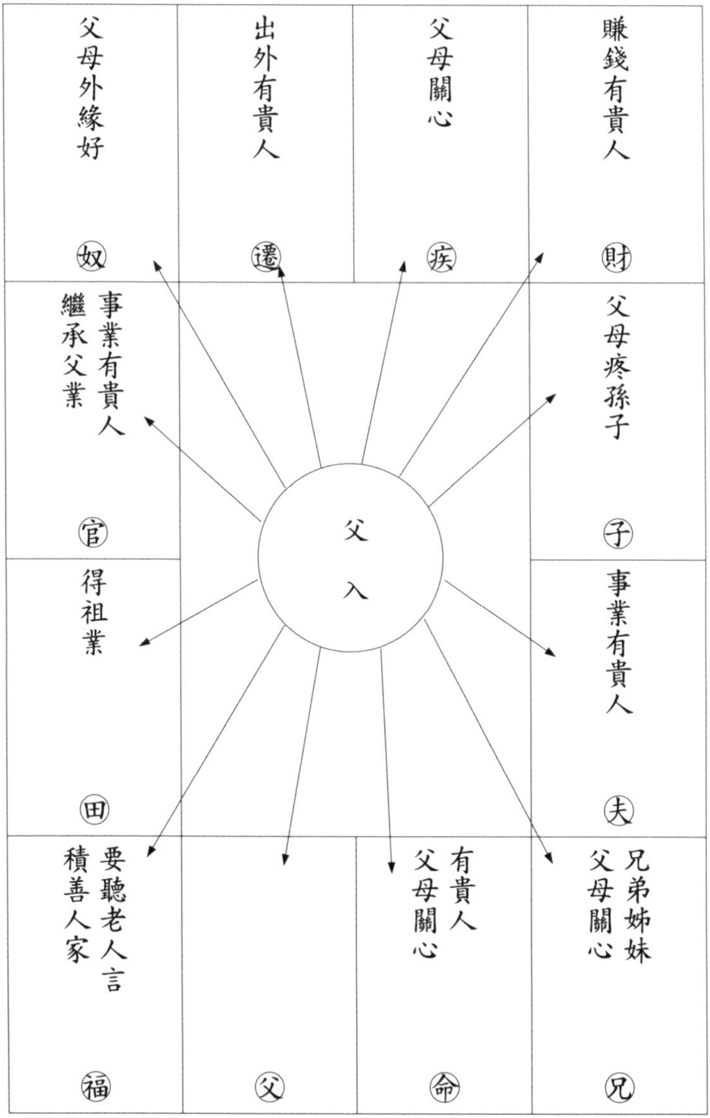

奴	遷	疾	財
父母外緣好	出外有貴人	父母關心	賺錢有貴人

官	父入	子
事業有貴人 繼承父業		父母疼孫子

田	父入	夫
得祖業		事業有貴人

福	父	命	兄
要聽老人言 積善人家		有貴人 父母關心	兄弟姊妹 父母關心

飛星應用

D 奴	遷	疾	財
官			子
田			夫
福	父	命	兄

一、財帛宮化忌入奴僕宮。

二、會因朋友之故而損財。

三、朋友跟我借錢。

四、與兄弟姊妹金錢來往會出問題。

五、大限同論，即大限財帛宮化忌入大限奴僕宮。

飛星應用

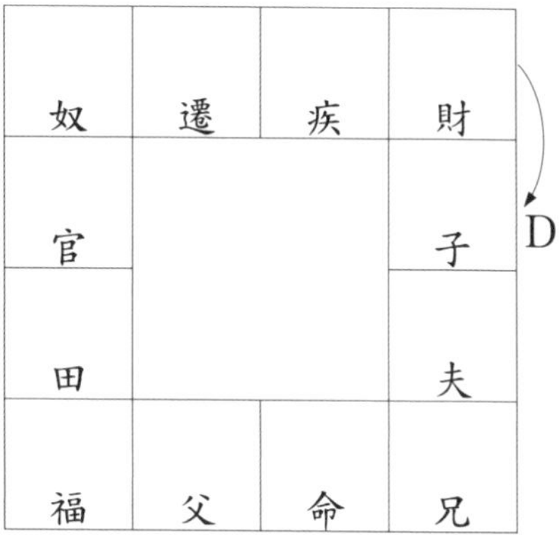

奴	遷	疾	財
官			子
田			夫
福	父	命	兄

一、財帛宮化忌入子女宮。

二、子女花父母的錢。

三、只是父母想花錢在子女身上，不是絕對的現象，還需要其他條件配合。

四、財帛與不動產無緣，即不是投資不動產不利，就是不想投資不動產。

五、大限同論，即大限財帛宮化忌入大限子女宮。

飛星應用

奴	遷	疾	財
官	D		子
田			夫
福	父	命	兄

一、命宮化忌入官祿宮。

二、想投資事業或想要有工作。

三、不利投資，宜上班。

四、本命與夫妻無緣。

五、大限同論，即大限命宮化忌入大限官祿宮。

飛星應用

奴	遷	疾	財
官			子
田	D		夫
福	父	命	兄

一、命宮化忌入田宅宮。
二、與家庭無緣或在家待不住。
三、有買賣不動產之因緣。
四、與子女不和或無緣。
五、大限同論，大限命宮化忌入大限田宅宮。

飛星應用

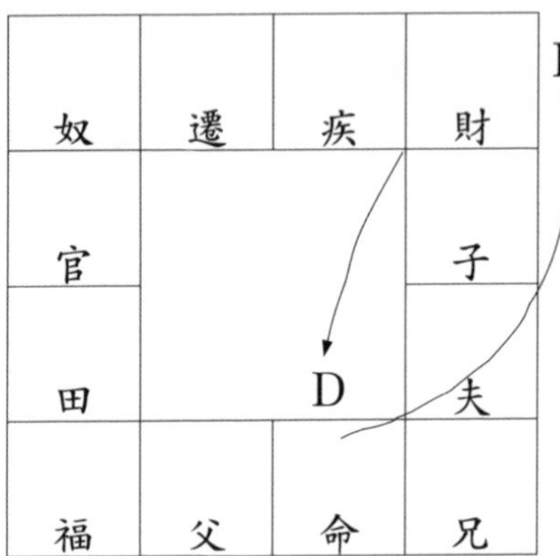

一、財帛宮化忌入命宮，乃財帛是我的生命，守財奴是也。

二、命宮化忌入財帛官，乃我喜歡賺錢，而且賺錢很辛苦。

三、此兩種現象，皆論我與財帛無緣或我執著賺錢。

四、大限同論，即大限命宮化忌入大限財帛宮，大限財帛宮化忌入大限命宮。

飛星應用

奴	遷	疾	財
官	D		子
田		D	夫
福	父	命	兄

一、命宮化忌入遷移宮，表示我喜歡往外跑，但不順心。

二、遷移宮化忌入命宮，表示我走不出去，出外感覺不如意。

三、此兩種現象皆論我一定要出外，雖然，不順、辛苦、阻礙，但是不出外會變成沒有生機。

四、大限同論，即大限命宮化忌入大限遷移宮，大限遷移宮化忌入大限命宮。

飛星應用

奴	遷	疾	財
官	D		子
田			夫
福	父	命	兄

一、財帛宮化忌入官祿宮。

二、我想投資事業，但欠資金。

三、與配偶沒有金錢來往。

四、與配偶金錢有關係，會產生是非。

五、大限同論，大限財帛宮化忌入大限官祿宮。

飛星應用

	奴	遷	疾	財
	官			子
	田			夫
D	福	父	命	兄

一、田宅宮化忌入福德宮。

二、我的不動產來自祖蔭。

三、表示自己較無買不動產的因緣或會賣祖產。

四、住宅喜歡裝潢或自己室內設計。

五、大限同論，即大限田宅宮化忌入大限福德宮。

飛星M質之應用

飛星四化，只是現象而已，不一定是事實。

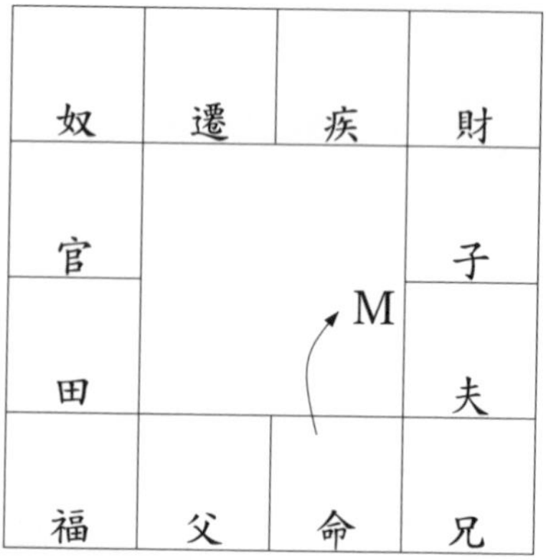

奴	遷	疾	財
官			子
田		M	夫
福	父	命	兄

一、命宮化M質入夫妻宮。

二、想結婚而已，不一定是事實。

三、此人第三大限（本夫）為想結婚的因緣。

四、A、B、C、D＝M質，皆解釋想結婚的現象，只是感覺程度上不同。

五、大限同論，大限命宮化M質入大限夫妻宮。

M質應用

奴	遷	疾	財
官	M		子
田			夫
福	父	命	兄

一、命宮化M質入官祿宮。

二、我想要找工作或我要有事業。

三、表示此人第五大限（本官）一定有工作，飛星四化只是現象，自化才論吉凶。

四、大限同論，即大限命宮化M質入大限官祿宮。

M質應用

奴	遷	疾	財
官			子
田		M	夫
福	父	命	兄

一、財帛宮化M質入夫妻宮。

二、配偶花我的錢。

三、配偶支配我的財帛或我投資配偶。

四、大限同論，我與配偶的財帛產生對待關係。

M質應用

奴	遷	疾	財
官	M		子
田			夫
福	父	命	兄

一、田宅宮化M質入遷移宮。

二、有在外買賣不動產之因緣。

三、外出才構成買賣不動產的條件。

四、在家待不住，喜歡往外跑，出外的命。

五、大限同論。

M質應用

奴	遷	疾	財
官			子
田			夫
M 福	父	命	兄

一、子女宮化M質入福德宮。

二、子女有福報或子女有福蔭。

三、子女愛享受或子女有自己的興趣。

四、投資事業要開店面或在自己的住處營業。

五、合夥爲投資事業的條件。

六、大限同論。

M質應用

大福 奴	大田 遷	大官 疾	大奴 財
大父 官		M	大遷 子
大命 田			大疾 夫
大兄 福	大夫 父	大子 命	大財 兄

一、大田（遷）化M質入子女（命遷）。

二、此大限（田）想把不動產給子女。

三、子女出外命或意外運。

四、此大限乃田宅之變動因緣及意外的時空。

五、搬家、裝潢可減輕意外之殺傷力。

六親對待

奴	遷	疾	財
官			子
田		A D	夫
福	父	命	兄

一、夫妻化忌入命宮，命宮化祿入夫妻宮。

二、我對配偶好，她嫌我囉嗦。表示對配偶照顧，不能得到應有回應。

三、六親對待乃六親之間互相相處的態度，也是現象，不是吉凶；註定之人、事、物要看生年四化。

四、大限同論。

六親對待

奴	遷	疾	財	
官		A	子	→B
田			夫	
福	父	命	兄	

一、命宮化祿入子女宮，子女宮離心力自化權。

二、表示我對子女好，關心他們；他們不但不領情，而且不甩父母。

三、此種命盤，六親間之對待就會有如此的結果，學習命理就是教人認命命盤上的註定現象，而尋求如何解決之道。

四、大限同論。

六親對待

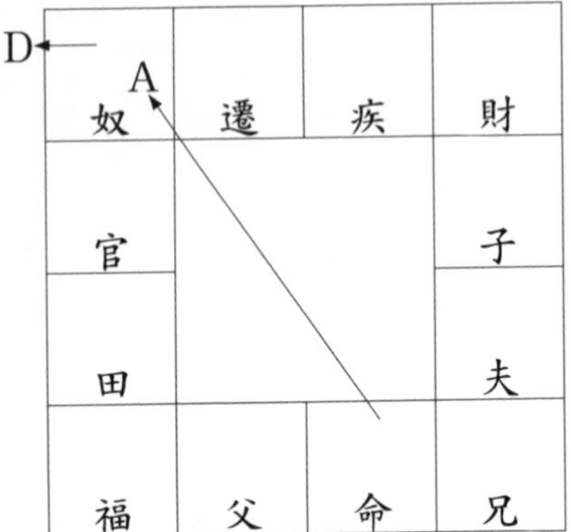

一、命宮化祿入奴僕宮，奴僕宮離心力自化忌。

二、表示我對朋友很好，朋友卻不領情。

三、以宗教的觀點，不捨得對朋友付出，如何有好的善因緣？

四、大限同論。

六親對待

奴	遷	疾	財
官			A 子
田			夫
福	D 父	命	兄

一、命宮化忌入父母宮，化祿入子女宮。

二、表示對子女照顧有加，卻只對父母口頭關心或無緣對待。

三、命宮化忌入父母宮沖疾厄宮，表示容易破相。

四、大限同論。

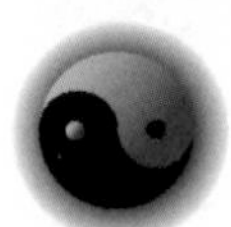

怨嘆忌

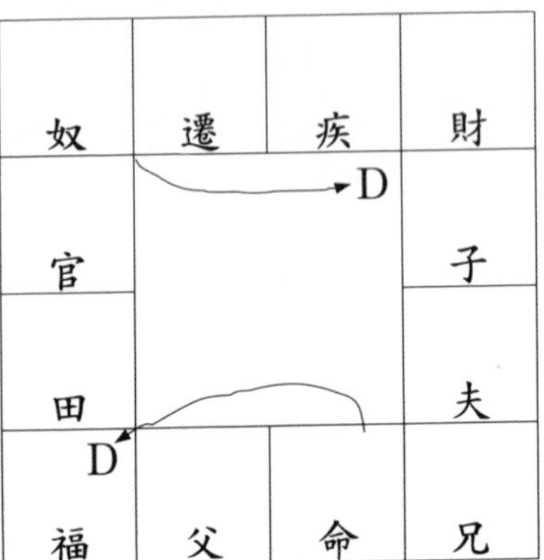

一、兩個不同宮位化出之忌，在相同一直線宮位互沖謂之。

二、即命宮化忌入福德宮，交友宮化忌入財帛宮。

三、解釋爲我與朋友之間會因金錢來往而起衝突，或解釋爲我福報不全，是因爲朋友劫我的財帛。

四、大限同論。

互沖忌

奴	遷	疾	財
官	D	D	子
田			夫
福	父	命	兄

一、兩個不同宮位化出之忌星，成對宮互沖狀態，稱之爲互沖忌。

二、上圖命宮化忌入官祿宮，夫妻宮化忌入遷移宮，爲互沖忌。

三、解釋爲我與配偶前世相欠債、無緣、吵不停。

四、我要執著事業（工作）或聚少離多，才能化解夫妻間之刑剋。

五、大限同論。

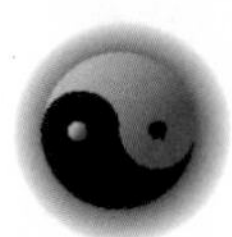

體用關係

本命盤爲體，大限盤爲用，皆不宜互沖，互沖有凶象。

奴	遷	疾	財
官			大命 子
大遷 田	D		夫
福	父	命	兄

一、體沖用。

二、本命化忌入大遷（本田）沖大命（本子）。

三、人生面臨60%辛苦、不順、砠礙之環境。

四、第四大限（本子）正逢人生轉捩點。

五、命中有不動產之因緣，而第四大限（子）就是時間。

六、第四大限與家裡無緣，適合聚少離多。

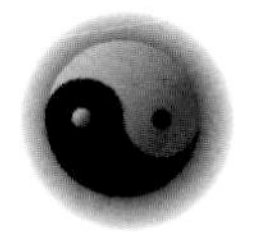

「體」入「用」

奴	遷	疾	財
官			D大命 子
田			夫
福	父	命	兄

一、本命化忌入大命（本子）。

二、人生面臨40%辛苦、不順、阻礙之環境。

三、第四大限（本子）正逢歷練人生的開始。

四、此大限有①搬家②買不動產③子女無緣④工作變化之因緣。

五、爲何第四大限會有不同之現象？因爲，現象的學問，一定要做廣義解釋，不可能十二個宮位，只做十二種解釋。

「用」入「體」

大財 奴	大子 遷	大夫 疾	大兄 D財
官			大命 子
田			夫
福	大官 父	命	兄

一、大財(本奴)化忌入本財(大兄)。

二、表示人生面臨60%辛苦、不順、阻礙、壓力之環境。

三、第四大限(本子)，人生將歷練財帛的壓力。

四、會因爲朋友之故而損財。

五、此大限賺錢爲業務或外務性質。

「用」沖「體」

大財 奴	大子 遷	大夫 疾	大兄 財
大疾 官			大命 子
大遷 田	D		大父 夫
大奴 福	大官 父	大田 命	大福 兄

一、大財（本奴）化忌入本福（大奴）沖大財（大兄）。

二、表示人生面臨80%辛苦、不順、阻礙、壓力之環境。

三、第四大限（本子），人生將面對財帛的抉擇。

四、會因朋友之故，而大損財。

五、我的損財，乃因福報不全之故。

象言往來

飛星四化，忌入或忌沖之宮位，皆要解釋不同之現象。

奴	遷	疾	財
官			D 子
田			夫
福	父	命	兄

一、命宮化忌入本子。

二、我關心子女或與子女無緣。

三、我與家庭無緣，因命宮化忌入子女宮沖田宅宮之故。

四、大限同論。

象言往來

奴	遷	疾	財
官			子
田	D		夫
福	父	命	兄

一、命宮化忌入本福。

二、表示我會爲興趣、喜愛的東西花錢。

三、我與財帛較無緣，有損財或輕財的現象，此乃命宮化忌入福德宮沖財帛宮之故。

四、大限同論。

象言往來

奴	遷	疾	財
官			子
田		D	夫
福	父	命	兄

一、本子化忌入本命。

二、表示子女與我無緣或不聽話。

三、子女出外不順，或不喜歡外出，此乃子女宮化忌入命宮沖遷移宮之故。

四、大限同論。

象言往來

奴	遷	疾	財
官			子
田	D		夫
福	父	命	兄

一、本兄化忌本父。

二、兄弟姊妹與父母無緣；不是口角，就是聚少離多。

三、兄弟姊妹有人身體不好或有大災厄；此因兄弟宮化忌入父母宮沖疾厄宮之故。

四、大限同論。

生年四化篇

『生年四化』之解釋

天府 丁命	天同 太陰Ⓒ 戊父	武曲 貪狼Ⓓ 己福	太陽 巨門Ⓑ 庚田
丙兄	癸年生		天相 辛官
廉貞 破軍Ⓐ 乙夫			天機 天梁 壬奴
甲子	乙財	甲疾	紫微 七殺 癸遷

一、「生年四化」：乃根據出生之天干而定。

二、如上圖：癸年出生之人。

化祿在夫妻宮。

化權在田宅宮。

化科在父母宮。

化忌在福德宮。

「生年四化」之解釋

①天命也。

②存在論。

③命中注定之人、事、物。

④有其象必有其物。

天同Ⓑ 乙財	天府 武曲 丙子	太陽 太陰Ⓐ 丁夫	貪狼 戊兄
破軍 甲疾	丁年生		天機Ⓒ 巨門Ⓓ 己命
癸遷			紫微 天相 庚父
廉貞 壬奴	癸官	七殺 壬田	天梁 辛福

一、四化：祿（A）、權（B）、科（C）、忌（D）。

二、生年四化乃根據出生年之天干而定。

三、如上圖：丁年年生之人。

化祿在福德宮：表示此命之人有福蔭。

化權在官祿宮：表示此命之人爲老闆或主管格。

化科在本命宮：表示此命之人重感情、惜緣分。

化忌在本命宮：表示此命之人容易想不開。

生年四化的論命技巧

忌星之重點在於本宮對宮皆要解釋。

奴	遷	疾	財
官			子
田			夫
福	父	Ⓓ 命	兄

一、本命宮化忌星。

二、表示此人想不開、放不下、捨不得；而工作上也將面臨阻礙、不順、辛苦、困擾之因緣，對於忌星之論述，可參考本書四化與六爻之精解。

三、此命出外較不順或無機緣出外，此乃命宮生年忌星沖遷移宮之故。

四、大限同論。

生年四化

奴	遷	疾	財
官			子
田			Ⓓ 夫
福	父	命	兄

一、本命夫妻宮坐生年忌。

二、表示此人會結婚，但婚後與配偶無緣。

三、此命事業（工作）運不順，常常會遇到大變化，不是緣起，就是緣滅的因緣。

四、第三大限（夫或福）爲事業緣起或緣滅之時空，就是已有之事業（工作）會結束，沒有工作之人一定有工作。

五、以宗教觀點：遠離災禍，就是遠離福報，即遠離夫妻情分之無緣，此命將面對事業中斷之無情。

六、大限同論。

生年四化

奴	遷	疾	Ⓓ 財
官			子
田			夫
福	父	命	兄

一、財帛宮化生年忌星。

二、上班族會得到財帛，但會辛苦求財。

三、夫妻感情對待不良，財帛宮爲夫妻宮之夫妻宮（以夫妻宮立太極）爲對待的宮位。

四、此命沒有福報，乃因財帛宮之忌星沖福德宮之故。

五、第五大限（財或官）爲事業之緣起或緣滅時空。

六、大限同論。

生年四化

奴	Ⓓ 遷	疾	財
官			子
田			夫
福	父	命	兄

一、遷移宮坐生年忌星。

二、表示出外不順、辛苦、阻礙，此乃存在之現象。

三、出外是我命中注定的事，因爲，生年四化所在之宮位，爲有其象必有其物。

四、不出外打拼，不能有所成就，因爲遷移宮之生年忌星沖命宮之故。

五、第三大限（夫或福）爲事業之緣起或緣滅時空。

六、大限同論。

生年四化

一、官祿宮坐生年忌星。

二、執著工作，與配偶無緣，此乃忌星入官祿宮之現象。

三、不執著工作，會與配偶無情，因爲這是已存在之現象，此人不認命或不應命的話，會與配偶無情對待。

四、第三大限（夫或福）爲上班的因緣，不宜投資，否則損財的現象難以避免。

五、大限同論。

生年四化

奴	遷	疾	財
官			子
田			夫
Ⓓ 福	父	命	兄

一、福德宮坐生年忌星。

二、表示此人福不全，即得到什麼，一定要再失去什麼，反之，也可論此人失去什麼，一定會再得到什麼，此乃還有福報之故，只是福不全而已。

三、此命賺不到錢或財帛留不住，乃因忌星沖財帛宮之故。

四、第三大限(夫或福)就是福不全之時空，宜保守面對不利環境因緣。

五、大限同論。

生年四化

奴	遷	疾	財
官			子
Ⓓ 田			夫
福	父	命	兄

一、田宅宮坐生年忌星。

二、表示居宅不宜久住，否則會有災厄，此乃田宅宮化忌之故。

三、此命與子女無緣或子女不喜歡待在家裡，因爲田宅宮之忌星沖子女宮之故。

四、第四大限（子或田）爲買不動產之時空，命中注定之存在現象。

五、大限同論，例如大田坐忌星乃表示此大限十年有得到不動產之因緣。

生年四化

奴	遷	Ⓓ 疾	財
官			子
田			夫
福	父	命	兄

一、疾厄宮坐生年忌星。

二、表示此人固執、脾氣不好，此乃疾厄宮坐生年忌星之故。

三、此命盤之人，常常會破相，也與父母無緣，因爲生年忌星沖父母宮之故。

四、第四大限（子或田）爲事業緣起或緣滅之時空，不是結束事業，就是開始創業。

五、大限同論。

存在論

有其象（M質），必有其物（事實）。

奴	遷	疾	財
官			子
田			夫
福	父	命	Ⓜ 兄

一、兄弟宮坐生年M質。

二、先講有兄弟姊妹，再分陰陽星，就知道是有兄弟還是有姊妹。

三、第二大限（兄）開始，就會有異性緣，因爲，夫妻宮、子女宮、奴僕宮皆代表異性緣的宮位。

四、大限同論。

存在論

奴	遷	疾	財
官			子
田			Ⓜ 夫
福	父	命	兄

一、夫妻宮坐生年M質。

二、會結婚或上天欠他們男人或女人。

三、第三大限（夫或福）為結婚的時空。

四、第三大限一定有事業（工作）或事業有所突破。

五、大限同論。

存在論

奴	遷	疾	財
官			Ⓜ 子
田			夫
福	父	命	兄

一、子女宮坐生年M質。

二、先講有子女命，再分陰陽星，區分是兒子或女兒。

三、此人天命有異性緣，第四大限（子或田）爲高峰期。

四、此人天生有桃花的條件，子女宮代表桃花宮位，第四大限（子）乃發生的時空。

五、大限同論。

存在論

奴	遷	疾	Ⓜ 財
官			子
田			夫
福	父	命	兄

一、財帛宮坐生年M質。

二、表示命中有財帛，只要努力就可以得到它，第五大限（財或官）是發揮的時間。

三、有不得不做事的天命，尤其是男命男星或女命女星，最爲嚴重；以宗教觀點，前世業，今生障，這裡所指的障，乃今生必須完成之緣、業、情、債。

四、有異性緣，尤其是男命女星或女命男星。

五、大限同論。

論命應用

天梁 疾	七殺 財	子	廉貞Ⓓ 夫
紫微 天相 遷	丙女		兄
天機 巨門 奴			破軍 命
貪狼 官	太陽 太陰 田	武曲 天府 福	天同 父

一、此丙女夫妻宮坐生年忌。

二、女命坐女星，表示此人受夫之累，爲夫勞累。

三、此女命夫妻宮無緣，宜聚少離多，假如忌星在官祿宮沖夫妻宮時，則有生離死別之因緣。

四、大限同論。

論命應用

紫微 七殺			
天機 天梁	甲男		廉貞Ⓐ 破軍Ⓑ 命
天相			
巨門 太陽	武曲 貪狼	天同 太陰	天府

一、此命宮坐生年祿、權星。

二、男命坐女星化權。

三、此男命怕老婆或配偶獨立生活。

四、此人生意格，乃因AB同宮之故，已俱足做生意之條件，第五大限（財或官）乃發生之時空。

五、大限同論。

論命應用

巨門 夫	廉貞 天相 兄	天梁 命	七殺 父
貪狼 子	甲男		天同 福
太陰 財			武曲 田
紫微 天府 疾	天機 遷	破軍 奴	太陽Ⓑ 官

一、此女命官祿宮坐生年權。

二、女命坐男星化權。

三、此女命的事業好，是她的先生，不是本人，因爲星辰一定要分陰陽星之故。

四、此女命第五大限（財或官）先生不是創業，就是公司之主管階層。

五、大限同論。

論命應用

天相 財	天機 子	廉貞 七殺 夫	兄
巨門 Ⓑ 疾	癸男		命
紫微 貪狼 遷			天同 父
天機 太陰 奴	天府 官	太陽 田	武曲 破軍 福

一、此男命疾厄宮坐生年權。

二、男命坐女星化權。

三、此男怕老婆，太太會干涉他的生活。

四、第四大限（子或田）配偶的個性就會表現出來。

五、大限同論。

論命應用

祿隨忌走之解釋：

1.以祿星爲因緣，以忌星爲定位點。

2.祿爲因，忌爲果。

奴	遷	疾	財
官			Ⓓ 子
田			Ⓐ 夫
福	父	命	兄

一、夫妻宮坐生年祿，子女宮坐生年忌星。

二、祿隨忌走（公式），第四大限（子）結婚，即行運走到忌星就會有定位點。

三、假如第三大限（夫）結婚時，則婚後會出現第三者，此乃第四大限爲桃花宮位之故。

四、第四大限（子）一定有子女或有桃花之天命。

論命應用：

奴	遷	疾	財
官			Ⓐ 子
田			Ⓓ 夫
福	父	命	兄

一、夫妻宮坐生年忌星，子女宮坐生年祿星。

二、祿隨忌走（公式），表示第三大限（夫）會結婚，即行運走到忌星時，就會有定位點。

三、第三大限（夫）會結婚，同時，也注定夫妻無緣之天命，乃因夫妻宮坐生年忌星之故。

四、第三大限（夫）很容易奉子女之命而結婚，祿隨忌走，說明了有子女才會結婚之現象。

論命應用

奴	遷	Ⓓ 疾	Ⓐ 財
官			子
田			夫
福	父	命	兄

一、財帛宮坐生年祿星，疾厄宮坐生年忌星。

二、祿隨忌走（公式），表示此命格之人，靠勞祿賺錢。

三、第五大限（財）會賺錢，而賺錢的條件，要靠業務或外務性質，因爲忌星在第五大限（財）之大兄（疾）位置。

論命應用

奴	遷	疾	Ⓐ 財
官			子
Ⓓ 田			夫
福	父	命	兄

一、財帛宮坐生年祿星，田宅宮坐生年忌星。

二、祿隨忌走（公式），表示此命格之人，賺錢要買不動產。

三、順行命盤之人，第四大限（田），祿隨忌走，則祿星在大奴（財），解釋此命之事業乃服務業性質。

四、第五大限（財）乃賺錢時空，祿隨忌走，現象要辛苦中求財。

論命應用

奴	遷	疾	財
Ⓓ 官			子
Ⓐ 田			夫
福	父	命	兄

一、官祿宮坐生年忌，田宅宮坐生年祿星。

二、祿隨忌走（公式）表示此命格事業的條件爲店面、工廠、住家或與不動產有關的一切因緣。

三、第四大限（田），祿隨忌走，定位點忌星在本官（大父），解釋此大限之事業會與公家、學校、工廠、宗教、補習班有關。

論命應用

奴	遷	疾	財
Ⓐ 官			Ⓓ 子
田			夫
福	父	命	兄

一、子女宮坐生年忌星，官祿宮坐生年祿星。

二、祿隨忌走（公式），表示此命格之人，事業靠合夥、合作賺錢。

三、第四大限（子），祿隨忌走，祿星在大疾（本官），解釋此命之事業要靠勞碌賺錢。

「三象一物」之解釋

三象一物乃配合三方四正位之生年四化星而成立，即組合本命盤之命、財、官、遷的生年四化，再帶入公式中而形成三象一物組合；大限命盤同論。

大財 奴	遷	Ⓑ 疾	財
Ⓐ 官			Ⓒ 大命 子
田			夫
福	父	命	Ⓓ 兄

三象一物：任何三個生年四化星曜，所組成之絕對現象或絕對時空。即先觀看三方四正位之生年四化星，有一顆生年四化星時，則要尋找另一同組四化星（AD一組，BC一組）；有兩顆生年四化星時，則直接尋找第三顆媒介四化星；有三顆生年四化星時，則已俱足三象一物之公式組合。

範例：上圖之第四大限（本子）命盤。

公式：C要與B配成一組（BC一組），BC要與D組合成三象一物之公式。

解釋：生年忌星沖大財，不宜投資事業，為上班格。

三象一物說

雙象組合：相同宮位有兩種生年四化或本宮與對宮皆有生年四化，此兩種現象，稱之爲雙象組合。

奴	㊎科 遷	疾	財
忌 官			子
田			權 夫
福	父	祿 命	兄

公式組合：

一、祿權媒介忌。

二、祿科媒介忌。

三、祿忌媒介權。

四、權科媒介忌。

五、權忌媒介科。

六、科忌媒介祿。

範例：上圖之命盤。

公式：A＋D，忌星所落之宮位，即媒介位置，是定點宮位，也是重點宮位。

解釋：表示此命盤之人，要上班爲宜，因爲忌星在官祿宮之故。

三象一物

雙象組合，可以直接找媒介點（定位點），即A＋D，D爲媒介點（定位點）。

奴	遷	疾	財
ⒶⒷ 官			子
田			夫
福	父	Ⓓ 命	兄

一、官祿宮坐生年祿、權兩星，命宮坐生年忌星。

二、天生生意頭腦，乃因AB組合爲生意格之故。

三、第五大限（官）老闆格，因爲AB爲生意格，D代表自己，形成我爲生意人之格局。

三象一物

雙象組合ＡＢ，只需要再配合第三個現象Ｄ，就可完成三象一物之公式。

奴	遷	疾	Ⓓ財
官			子
田			夫
福	父	ⒶⒷ命	兄

一、命宮坐生年祿、權兩星，財帛宮坐生年忌星。

二、天命生意人思維，ＡＢ組合爲生意格。

三、第五大限（財帛宮）爲老闆格，ＡＢ在大官（命），Ｄ在大命（財），形成我是生意人的格局。

四、雙象組合，可直接找第三個現象，即ＡＢ＋Ｄ，這裡的忌星就是時間，就是第五大限（財），成爲老闆格的條件。

三象一物

本宮與對宮組合，也是雙象組合，故此命為CD組合。

財	疾	Ⓒ 遷	奴
子			官
夫			田
兄	Ⓓ 命	Ⓐ 父	福

一、命坐忌，遷坐科，祿坐父。

二、上班族，因為CD之組合為上班格。

三、CD＋A重點宮位A在父母宮，宜做公家、老師、五術、宗教……之行業。

三象一物

奴	遷	疾	Ⓑ 財
Ⓒ 官			子
田			夫
Ⓓ 福	父	命	兄

一、財坐權，官坐科，福坐忌。

二、表示ＢＤ之組合爲是非、意外、官訟、事業大變動，也爲人、事、物之是非格局。

三、ＢＤ＋Ｃ，重點Ｃ所落之宮位在官祿宮，故宜做司法、軍警、老師……行業。

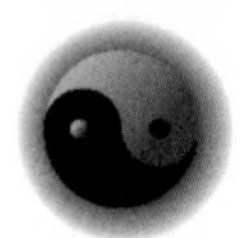

三象一物

Ⓒ 奴	遷	疾	財
官			子
Ⓓ 田			夫
福	父	命	Ⓐ 兄

一、兄化祿，奴化科，田化忌。

二、店面的服務業，AC＋D重點宮位在田宅宮，故事業之因緣與田宅有關。

三、AC之雙象組合，事業乃才藝性的服務業，如補習班、現金買賣……皆可。

三象一物

奴	遷	Ⓑ 疾	Ⓓ 財
官			子
田			夫
福	Ⓒ 父	命	兄

一、財化忌，疾化權，父化科。

二、BC形成雙象組合，故爲專業性的才藝。

三、BC＋D，人生之重點位置在財帛宮，化忌星代表辛苦中才能求財。

三象一物

奴	遷	疾	ⒶⒹ 財
官			Ⓑ 子
田			夫
福	父	命	兄

一、子化權，財化祿、忌。

二、ＡＤ形成雙象組合，第三個現象Ｂ在子女宮，即重點位置，故工作爲專業性質。

三、ＡＤ＋Ｂ，Ｂ在子女宮，故事業也爲合夥或合作性質。

三象一物

奴	遷	疾	財
官			ⒷⒸ 子
田			夫
福	父	Ⓐ 命	兄

一、子化權、科，命化祿。

二、有子女的天命，ＢＣ＋Ａ媒介Ａ在命宮，更加確定子女之存在論。

三、ＢＣ形成雙象組合，表示命中的事業，乃合夥、合作性質。

四、ＢＣ之組合在子女宮，表示可以教學爲生，爲老師格局。

自化與論運篇

「自化」之解釋

巨門 丁田	天相 廉貞 戊官	天梁 己奴	七殺 庚遷
貪狼 丙福	A　向心力自化祿		天同 辛疾
太陰 乙父			武曲 壬財 → D 離心力自化忌
天府 紫微 甲命	天機 乙兄	破軍 甲夫	太陽 癸子

一、「自化」：乃本宮與對宮所化出之四化，互爲四化或本宮自化。

二、自化分向心力自化與離心力自化兩種。

三、如上圖：夫妻宮向心力自化祿入官祿宮，財帛宮離心力自化忌。

「自化」之解釋

向心力自化：表示凝聚。

離心力自化：表示消耗。

天相 己父	天梁 庚福	廉貞 七殺 辛田	壬官
巨門 戊命	向心力自化忌		癸奴
紫微 貪狼 丁兄	D		天同 甲遷
天機 太陰 丙夫	天府 丁子	太陽 丙財	武曲 破軍 乙疾

B 離心力自化權

一、四化：祿（A）、權（B）、科（C）、忌（D）。

二、如上圖：奴僕宮向心力自化忌入兄弟宮，夫妻宮離心力自化權。

自化應用

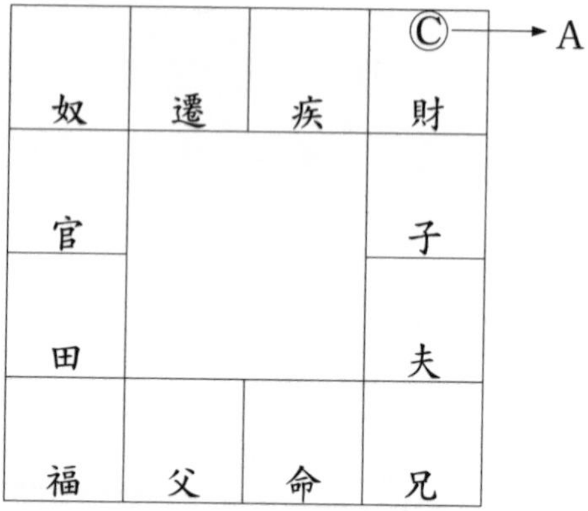

奴	遷	疾	Ⓒ→A 財
官			子
田			夫
福	父	命	兄

一、財帛宮化科星，又自化祿星。

二、科星代表學習才藝，自化祿星代表教學，故命盤之人學以致用，教書之命。

三、學習的東西，與所教出之東西不同；因爲，學習之東西爲科星，教學的東西爲祿星，自化祿星乃緣起也。

四、大限同論。

自化應用

奴	遷	疾	財
C ← Ⓒ 官			子
田			夫
福	父	命	兄

一、官祿宮化科星，又自化科星。

二、科星代表學習才藝，自化科星代表教學，學以致用，教書之命。

三、所學習的東西，與所教出的東西相同；因爲，學習的東西爲科，所教學的東西也是科，自化科星乃緣續之故。

四、自化權，緣變也，自化權星時，學習百分之五十的才藝，教學可以發揮百分之八十之才華。

五、自化忌，緣滅也，自化忌星時，學習百分之八十的才藝，教學不能發揮所長，只能表達百分之六十的才華。

六、大限同論。

自化應用

自化忌星的宮位，一定要法象（回歸）生年忌星的宮位。

奴	遷	疾	→D 財
官			Ⓓ 子
田			夫
福	父	命	兄

一、子女宮化忌，財帛宮自化忌。

二、子女花父母的錢，因爲，自化忌星的宮位，一定要法象（回歸）生年忌星的宮位。

三、化忌星，父母花錢會有捨不得或不得不的原因。

四、大限同論。

自化應用

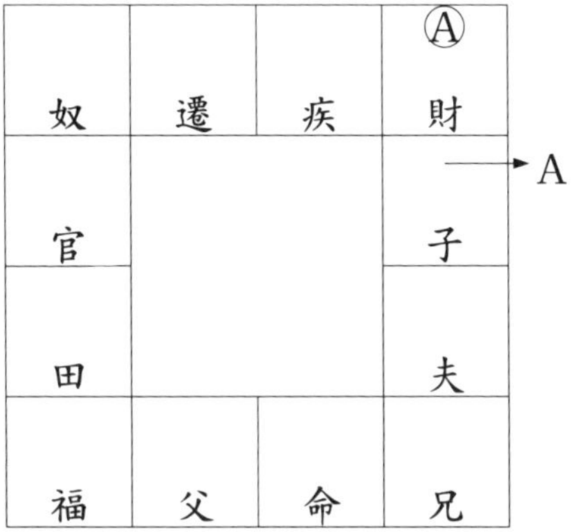

奴	遷	疾	Ⓐ 財
官			子 → A
田			夫
福	父	命	兄

一、財帛宮化祿，子女宮自化祿。

二、子女花父母的錢，解釋自化祿（子）一定要回歸生年祿星（財），就可找到答案。

三、化祿星，故父母花錢會較捨得或樂意。

四、其他化權星、化科星同論，也表示子女會花父母的錢，只是感覺不同而已。

五、大限同論。

自化應用

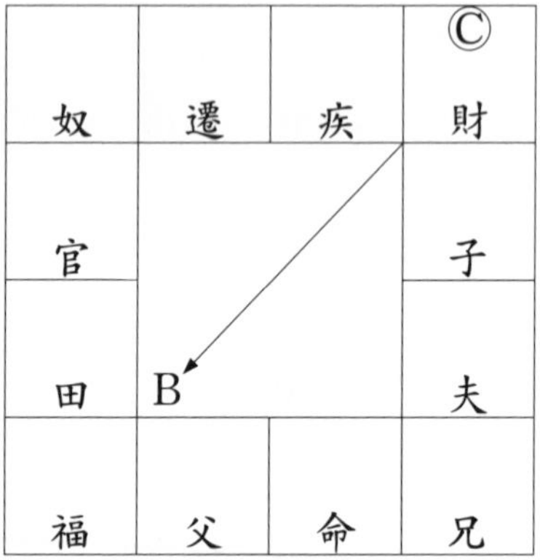

奴	遷	疾	Ⓒ 財
官			子
田	B		夫
福	父	命	兄

一、財帛宮化科，向心力自化權入福德宮。

二、表示此命會爲嗜好、享受而花錢，因爲，科代表有錢，向心力自化權，代表有錢會花在福德宮，福德宮代表嗜好與享受的宮位。

三、M質不同，只表示說法不同而已。

四、大限同論。

自化應用

奴	遷	疾	財
官	D		子
田			夫
福	父	Ⓓ 命	兄

一、命宮化忌星，向心力自化忌入遷移宮。

二、表示出外是我的命，非出外不可。

三、其他化星同論出外命，只是感覺不同或喜好程度不同而已。

四、大限同論。

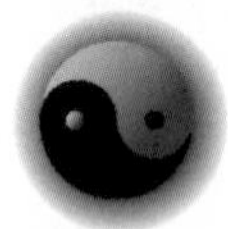

自化應用

奴	Ⓓ 遷	疾	財
官			子
田			夫
福	父	命 ↓ D	兄

一、遷移宮化忌星，命宮離心力自化忌。

二、表示天生出外的命，一定有爲事業出外的因緣，或解釋出外是此命盤之定數。

三、其他化星同論，皆表示天生出外的格局。

四、此命之人假如因爲出外辛苦、不順、阻礙而不出外；以宗教的觀點，遠離災禍就是遠離福報，他（她）必將錯過人生最寶貴的學習之旅。

五、大限同論。

自化應用

奴	遷	疾	財
官（B ←）			子
Ⓑ 田			夫
福	父	命	兄

一、田宅宮化權星，官祿宮離心力自化權。

二、表示事業條件爲店面、工廠、家裡或與田宅有關係的行業。

三、表示可以家裡爲事業營業處所。

四、其他化星同論此一象現，只是行業或職別不同而已。

五、大限同論。

自化應用

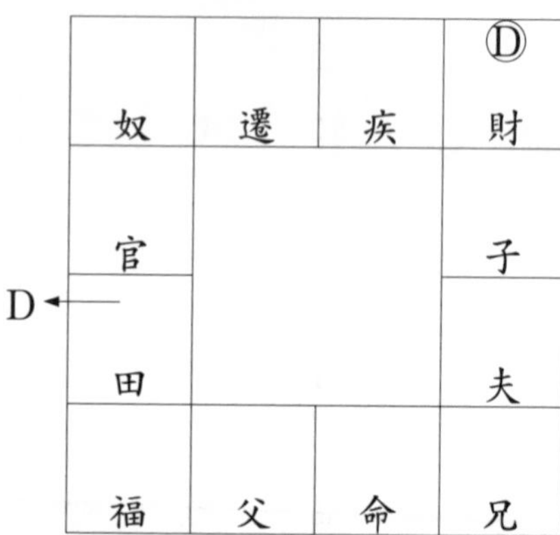

一、財帛宮化忌星，田宅宮離心力自化忌。

二、表示自己花錢買不動產或有錢務必買不動產。

三、表示投資事業要以合夥或合作方式進行。

四、其他化星同論，買賣不動產或做店面生意。

五、大限同論。

自化應用

奴	遷	疾	財
官			子 →B
田			夫
福	父	Ⓑ 命	兄

一、命宮化權星，子女宮離心力自化權女。

二、表示有子女或子女與父母無緣。

三、表示有買賣不動產之因緣。

四、其他化星同論，有子女之天命。

五、大限同論。

自化應用

奴	遷	疾	Ⓒ 財
官			子
田			夫
福	父	命	兄 →C

一、財帛宮化科星，兄弟宮離心力自化科。

二、兄弟姊妹與我的金錢有來往，我欠他們的。

三、表示我的事業爲服務業。

四、其他化星同論。

五、大限同論。

自化應用

奴	遷	疾	財
D← 官			子
田			夫
福	父	Ⓓ 命	兄

一、命宮化忌星，官祿宮離心力自化忌。

二、離心力自化忌，會損害到對宮之夫妻宮，表示我會執著工作，忽略了夫妻感情。

三、表示第五大限（財或官）不宜投資事業，否則，只有關門大吉。

四、其他化星同論，以上之現象，千萬不可認爲只有忌星，才有殺傷力。

五、大限同論。

自化應用

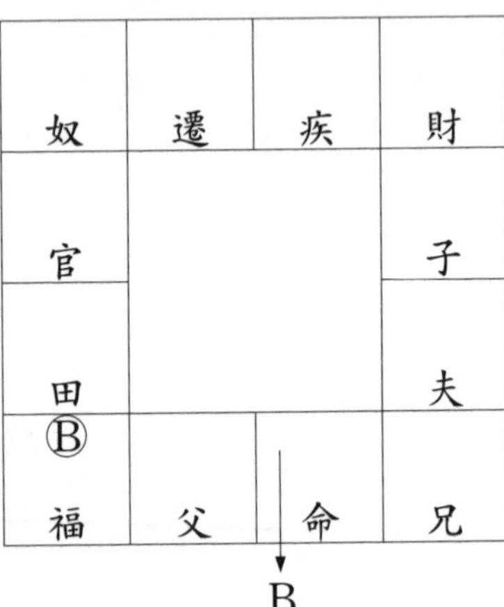

一、福德宮化權星，命宮離心力自化權。

二、表示我有福報、有祖蔭，但是，行運走到第三大限（夫），公媽會出問題，因爲，大福（命）自化權，法象生年權在本命福德宮之故。

三、表示我有賺大錢之天命，乃因福報的問題。

四、其他化星同論。

五、大限同論。

六、福德宮化忌星，官祿宮離心力自化忌。

自化應用

	奴	遷	疾	財
D←	官			子
	田			夫
	Ⓓ 福	父	命	兄

一、我的工作是我所喜愛或有興趣的行業，乃因福德宮爲喜好或興趣的宮位。

二、我的事業爲繼承祖業，因爲福德宮也表繼承之現象。

三、其他化星同論。

四、大限同論。

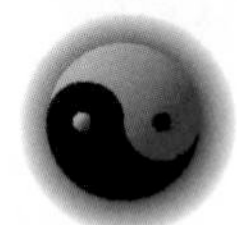

自化應用

奴	遷	疾	Ⓓ 財
官	D		子
田			夫
福	父	命	兄

一、財帛宮化忌星，命宮向心力自化忌入遷移宮。

二、表示我賺錢的條件要出外。

三、表示我的工作爲業務或外務性質。

四、其他化星同論。

五、大限同論。

自化應用

Ⓐ 奴	遷	疾	財
官	A		子
田			夫
福	父	命	兄

一、交友宮化祿星，命宮向心力自化祿入遷移宮。

二、表示我喜歡外出找朋友。

三、表示出外得利或出外有貴人相助。

四、其他宮位同論。

五、大限同論。

論命應用

奴	遷	疾	財
官	D		子
田			Ⓒ 夫
福	父	命	兄

一、夫妻宮坐生年科，夫妻宮又化忌星入遷移宮沖命。

二、這是一種看似矛盾的現象，事實上卻不然；夫妻宮化科，代表夫妻有情緣，夫妻宮化忌沖命，代表配偶與我有刑剋現象，組合起來的解釋爲夫妻感情好，是因爲聚少離多之故。

三、大限同論此種象現，只是生年命盤論述一生之天命，大限命盤論述十年之天命。

論命應用

奴	遷	Ⓓ 疾	財
官			子
田			→D 夫
福	父	命	兄

一、疾厄宮化忌星，夫妻宮離心力自化忌。

二、夫妻宮自化忌星，代表夫妻無緣，疾厄宮坐生年忌星，表示身體無緣，組合起來之解釋爲夫妻之無緣，乃身體不在一起之故，即夫妻生離死別之現象。

三、大限同論此種現象。

奴	遷	疾	財
官			子
田	D		Ⓓ 夫
福	父	命	兄

一、夫妻宮有生年忌，夫妻宮又化忌星入父母宮沖疾厄宮。

二、表示夫妻宮坐生年忌星，代表夫妻無緣，夫妻宮化忌入父母宮沖疾厄宮，代表刑剋身體，組合起來的解釋爲夫妻之無緣，乃因身體不在一起之故。

三、大限同論。

論命應用

奴	遷	疾	財
官			子
田	C		夫
福	父	Ⓒ 命	兄

一、命宮坐生年科，財帛宮化科星入田宅宮。

二、表示我有買不動產的天命或有錢一定要買不動產。

三、財帛宮化科入田宅宮，表示我要買不動產，命宮坐生年科星，代表我的命，組合起來的解釋爲買不動產是我的天命。

四、其他化星同論。

五、大限同論。

論命應用

奴	遷	疾	財
官	A ←		Ⓐ 子
田			夫
福	父	命	兄

一、子女宮坐生年祿，財帛宮化祿入官祿宮。

二、表示我投資事業的條件是合夥或合作，因爲子女宮代表合夥、合作、學生……之現象。

三、表示投資事業是爲了子女之故。

四、其他化星同論。

五、大限同論。

論命應用

奴	遷	疾	財
官			ⓒ 子
田		C	夫
福	父	命	兄

一、子女宮坐生年科，命宮化科入夫妻宮。

二、我「想」結婚，眞命天子在第四大限（子女宮）。

三、第三大限（夫）想結婚，只是現象而已，不一定會成爲事實。

四、其他化星同論。

五、大限同論。

論命應用

奴	遷	疾	Ⓓ 大夫 財
官			大兄 子
田			大命 → D 夫
福	父	命	兄

一、財帛宮坐生年忌（大夫），夫妻宮離心力自化忌（大命）。

二、表示行運至第三大限（夫妻宮）時，不是感情已結束，就是開始有感情。

三、本夫對大夫，兩種相同宮位，代表絕對的現象與時空。

四、其他化星同論，不是只有忌星，才論無緣，不同之點乃在於分手後之對待行爲，如一刀兩斷或藕斷絲連或……。

論命應用

奴	遷	疾	Ⓑ 大命 財
(B ←) 大財 官			子
田			夫
福	父	命	兄

一、財帛宮坐生年權（大命），官祿宮離心力自化權（大財）。

二、表示第五大限的投資運，不是已結束，就是開始，AB代表創業格，CD代表上班族或個人工作室。

三、本財對大財，兩種相同之宮位，代表絕對之現象與時空。

四、其他化星同論。

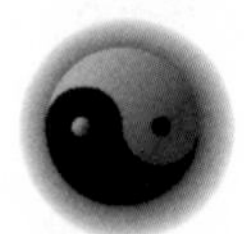

大財 奴	大子 遷	大夫 疾	大兄 財
大疾 官	D ← (疾)		大命 子
田			Ⓓ 夫
福	父	命	兄

一、夫妻宮坐生年忌星，大夫（疾）化忌入大疾（官）沖本夫。

二、表示此命格，第四大限（子女）夫妻生離死別。

三、本夫對大夫，這也是兩種相同之宮位，代表絕對的現象與時空。

論命應用

奴	遷	疾	大官 → D 財
大命 官			子
田			夫
福	父	Ⓓ 大財 命	兄

一、大財(命)坐生年忌星，大官(財)離心力自化忌。

二、表示第五大限(官)投資運不是結束，就是開始。

三、本財對大財，兩種相同宮位之組合，代表絕對的現象與時空。

四、其它化星同論。

奴	遷	疾	財
官			大命 子
Ⓑ 大遷 田			夫
福	父	大田 命↓B	兄

一、本田（大遷）坐生年權，大田（命）自化權。

二、本田對大田，雙象成物對，形成了絕對的現象與時空。

三、表示第四大限（子），命中注定一定有房子。

四、其他化星同論。

論命應用

奴	遷	疾	大官 → B 財
Ⓑ 大命 官			大命 子
田			夫
福	父	大財 命	兄

一、本官（大命）坐生年權，大官（財）自化權。

二、大官對本官，雙象成物對，形成了絕對的現象與時空。

三、表示第五大限（官），事業不是結束，就是新的開始。

四、其他化星同論。

論「運」實例：男命、46年次、丁酉年生

一、此命教書的歲月為二十四年。從第四大限到第七大限為止。

解盤：第五大限（財）坐生年科轉科至第四大限為開始之教書時空。第七大限（遷），有本命向心自化科入大命，乃結束教書的時空。

二、天命工作的性質為服務業。

解盤：本奴自化忌，本官自化權，法象在本官坐生年權、忌。

三、第五大限（財）事業是自己的興趣。

解盤：大命（財）自化祿，大遷（福）坐生年祿。

四、事業在家教學生，成就學生。

解盤：本官坐生年權、忌，又自化權，少一個忌，轉忌入本田平衡，自化的重點在於平衡原理。

丁男命盤：論運時，請依據公式原則，看命盤說故事

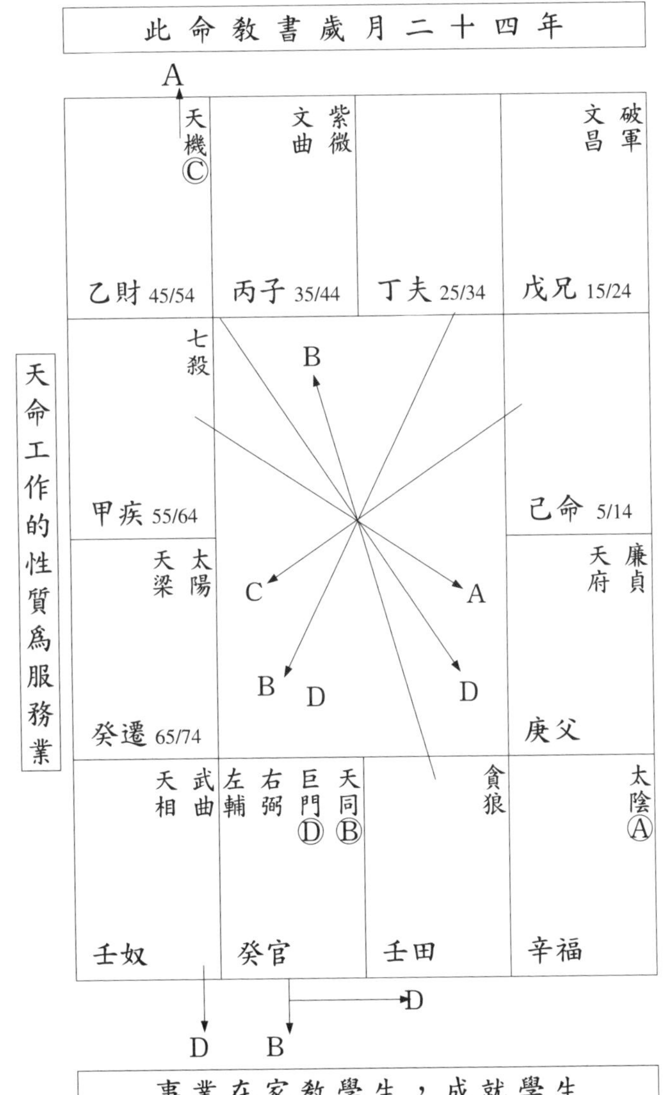

論「運」實例：女命、61年次、壬子年生

一、此命格靠勞碌賺錢。

解盤：本疾坐生年忌，又自化祿，與本財之自化祿形成串聯。

二、生肖屬龍、屬狗之人，乃前世因緣。

解盤：左輔、右弼、文昌、文曲乃前世星辰，四星曜坐，而且又位，而且又有M質。

三、第三大限為小姨命，生肖龍、蛇、馬、羊之男人無緣。

解盤：大子（疾）坐生年忌，本奴化忌入本官化忌入本田化忌入福，形成連環忌。

四、第二、三大限為勞碌格。

解盤：第二大限自化祿及第三大限大財化祿，恰巧與本財自化祿及本疾自化祿形成串聯。

壬女命盤：論運時，請依據公式原則，看命盤說故事

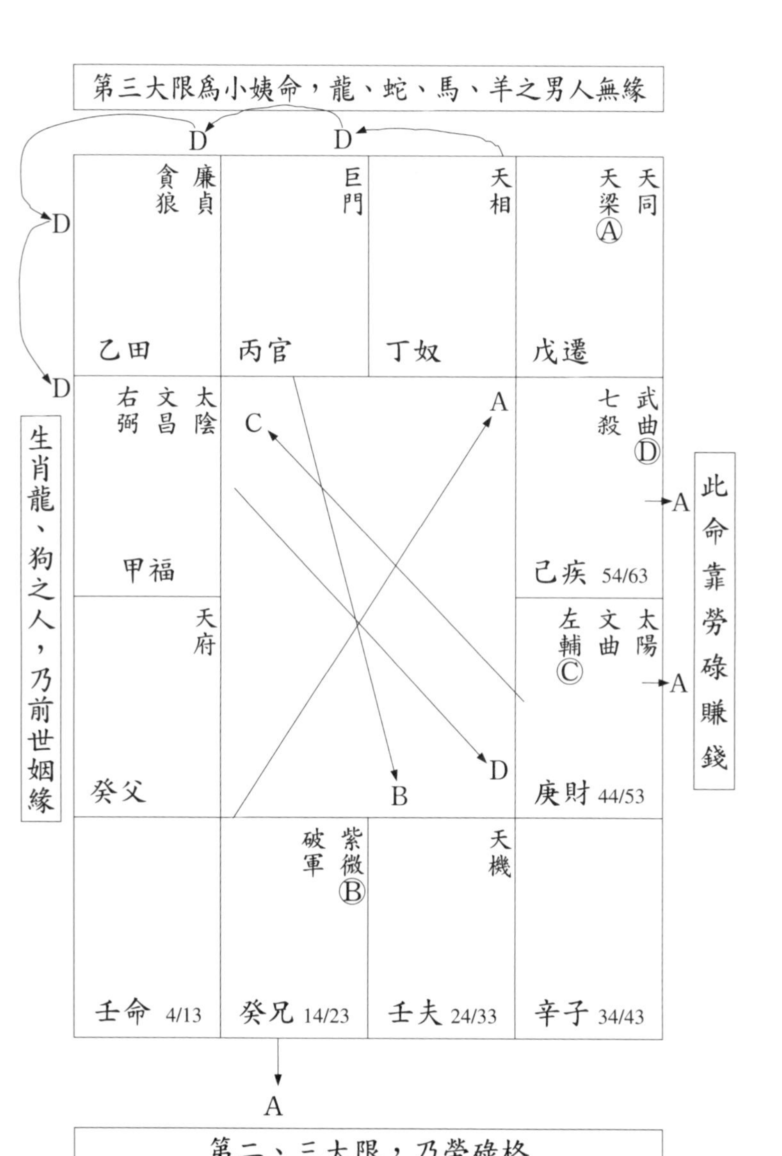

論「運」實例：男命、39年次、庚寅年生

一、第一、二大限，讀書運很好。

解盤：第一大限大官坐生年祿找忌十權，權星在子田線。第二大限大子（夫）坐生年科，又自化科，與大疾（財）自化科形成串聯。

二、第二大限，民國54年前，學業會中斷。

解盤：大父（福）坐生年忌，民國54年大父（福）坐忌沖流官。

三、第四、五大限，乃此人黃月歲月，人生最高峰。

解盤：本夫、李子之向心自化祿入第四大限（田）與第五大限（官），而本官又坐生年祿。

四、民國87～89年前，事業會中斷。

解盤：祿隨忌走，第五大限大夫（福）坐生年應沖大官（財），正巧爲民國89年之流官。

庚男命盤：論運時，請依據公式原則，看命盤說故事

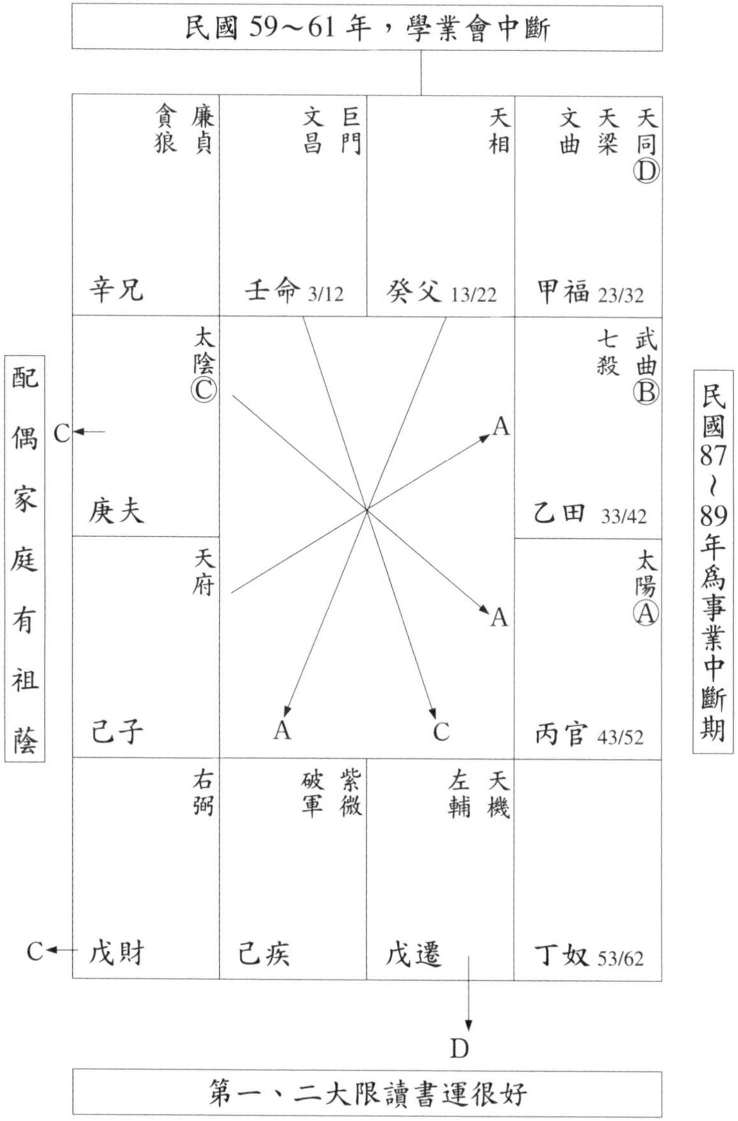

民國59～61年，學業會中斷

廉貞 貪狼 辛兄	巨門 文昌 壬命 3/12	天相 癸父 13/22	天同Ⓓ 天梁 文曲 甲福 23/32
太陰Ⓒ 庚夫			武曲Ⓑ 七殺 乙田 33/42
天府 己子			太陽Ⓐ 丙官 43/52
右弼 戊財	紫微 破軍 己疾	天機 左輔 戊遷	丁奴 53/62

配偶家庭有祖蔭

民國87～89年為事業中斷期

第一、二大限讀書運很好

論「運」實例：女命、55年次、丙午年生

一、第三大限之男人為桃花格。

解盤：祿隨忌走，大命（夫）坐生年祿，大子（疾）坐生年忌，又自化忌。

二、第三大限之男人，生離死別。

解盤：本疾（大子）坐生年忌，又自化忌；大命（夫）坐生年祿轉祿在大命之父疾線。（公式）沖流官。

三、民國85年至89年，乃交男人之時空，90至95乃男人想與她結婚。

解盤：大奴（福）坐生年權，本兄目化權（兄奴線）為85年，乃起點也。89年（田）自化權，法象在大奴（福）也為交友之年，乃結束點。本夫坐生年祿，大夫（疾）坐生年忌，正巧為95年之流夫。

四、民國89年在一起的男人，沒有福報。

解盤：第四大限（夫），大奴（福）坐生年權，與大福（兄）及89年（田）自化權形成串聯現象。

丙女命盤：論運時，請依據公式原則，看命盤說故事

第三大限之男人、生離死別

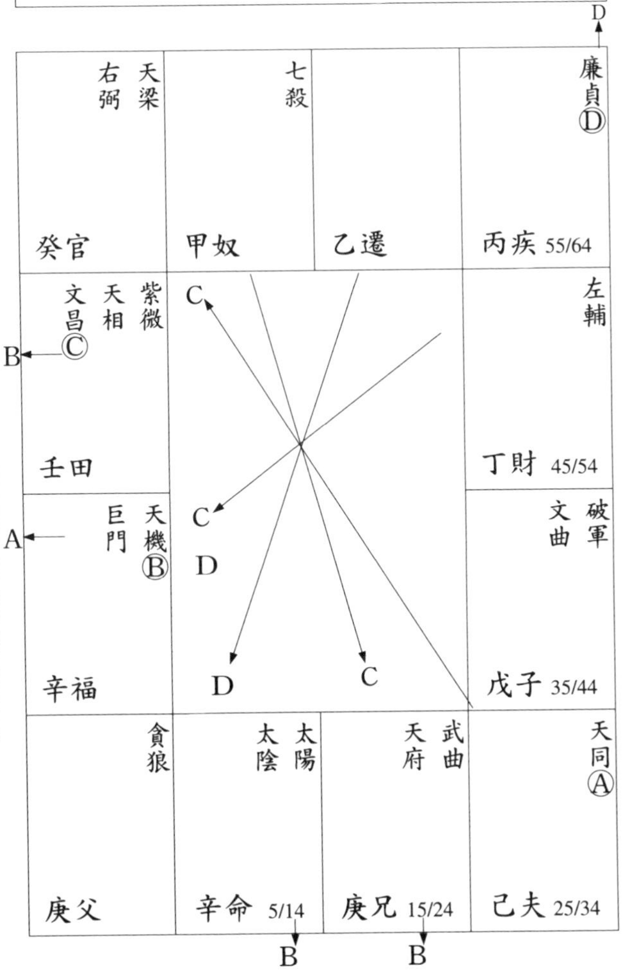

天梁 右弼 癸官	七殺 甲奴	乙遷	廉貞Ⓓ 丙疾 55/64
紫微 天相 文昌Ⓒ 壬田			左輔 丁財 45/54
天機Ⓑ 巨門 辛福			破軍 文曲 戊子 35/44
貪狼 庚父	太陽 太陰 辛命 5/14	武曲 天府 庚兄 15/24	天同Ⓐ 己夫 25/34

民國89年在一起的男人，沒有福報

第三大限之男人爲桃花格

民國 85 至 89 年，乃交男人之時空，
民國 90 至 95 年，乃男人想與她結婚。

論「運」實例：男命、63年次、甲寅年生

一、第二大限之女人，不會結婚，因與他先天命格無緣。

解盤一：本奴坐生年科，大子（夫）自化科。

解盤二：三象一物，祿找科十忌沖本命。

二、此人第二大限有劫數。

解盤：大奴（遷）坐生年忌，大命（父）自化忌，交友宮乃劫數之宮位。

三、第二大限，認識之女人有大意外。

解盤：本奴（大官）坐生年科，與大子（夫）及大福（田）之自化科形成串聯。

四、民國93年認識之女人，生離死別。

解盤：本疾坐生年權，第二大限（福）大疾（子）自化權，正巧與93年之流疾（官）自化權，形成三命盤疾厄宮大串聯，乃大凶也。

甲男命盤：論運時，請依據公式原則，看命盤說故事

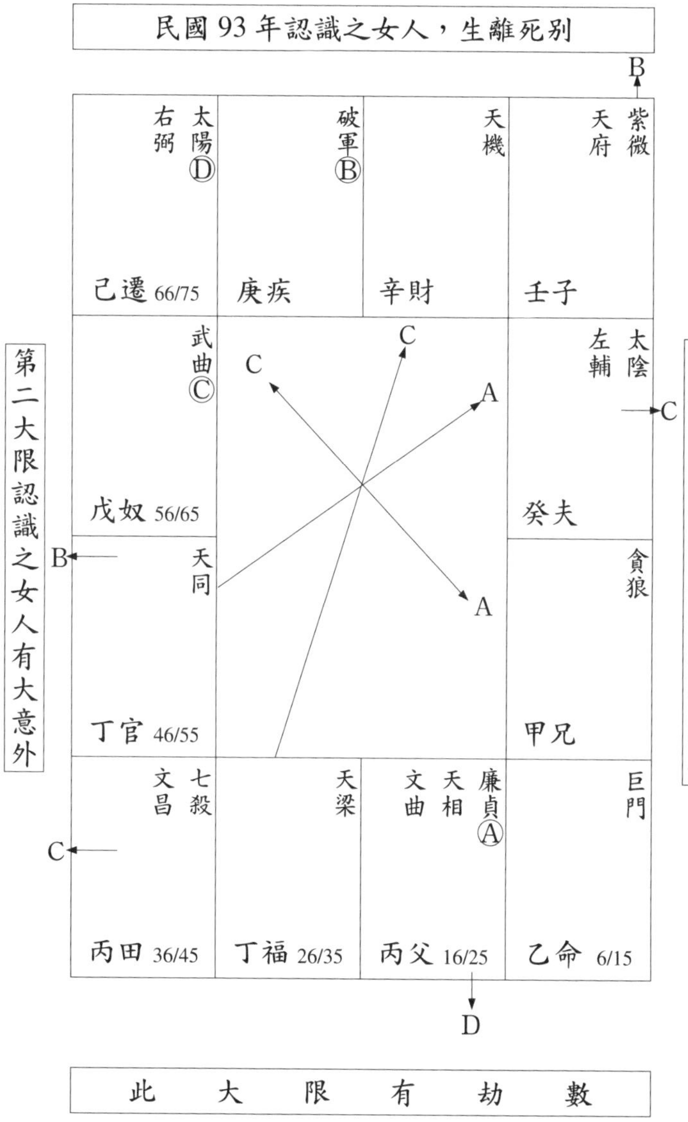

民國93年認識之女人，生離死別

<table>
<tr><td>太陽Ⓓ 右弼
己遷 66/75</td><td>破軍Ⓑ
庚疾</td><td>天機
辛財</td><td>紫微 天府
壬子</td></tr>
<tr><td>武曲Ⓒ
戊奴 56/65</td><td colspan="2" rowspan="2"></td><td>太陰 左輔
癸夫</td></tr>
<tr><td>天同
丁官 46/55</td><td>貪狼
甲兄</td></tr>
<tr><td>七殺 文昌
丙田 36/45</td><td>天梁
丁福 26/35</td><td>廉貞Ⓐ 天相 文曲
丙父 16/25</td><td>巨門
乙命 6/15</td></tr>
</table>

第二大限認識之女人有大意外

第二大限之女人，不會結婚

此大限有劫數

星辰格局篇

格局乃星辰組合之特性，代表此命格的現象及命格的高低；也就是說，命格內涵裡沒有完整的時間與吉凶。好命格之人，不代表此人財官雙美、富貴吉祥；壞命格之人，只代表此人不能得到格局裡的優點及優勢罷了。

格局者，方向也，現象也。好比「武貪中運格」，只表示此命不發少年郎，他鄉發展，異路功名，三十歲後才能漸漸嶄露頭角，成爲生意人的條件，並不能保證一定會賺錢。而事業要成功，當然要靠「運」的配合才行；何時保握生命中的高潮期？何時充實人生的低潮期？是何其重要。否則，只能簡單「算命」不能完整「推運」，「格局」怎麼會高呢？

三奇奇遇格

	遷		㊗ 財
㊑ 官			
		㊓ 命	

一、命、財、官、遷有化祿、化權、化科三顆星曜會合，合此格局。

二、「三奇拱向紫微宮，最喜人生命裡逢，燮理陰陽眞宰相，功名富貴不雷同」。

三、化祿主財帛，化權主權柄，化科主名聲，三顆星曜會合，人生的旅程常常遇到特殊因緣幫助而成功。

四、不同天干出生者，會有不同之人生造化。

五、大限同論此命格。

前世果報格

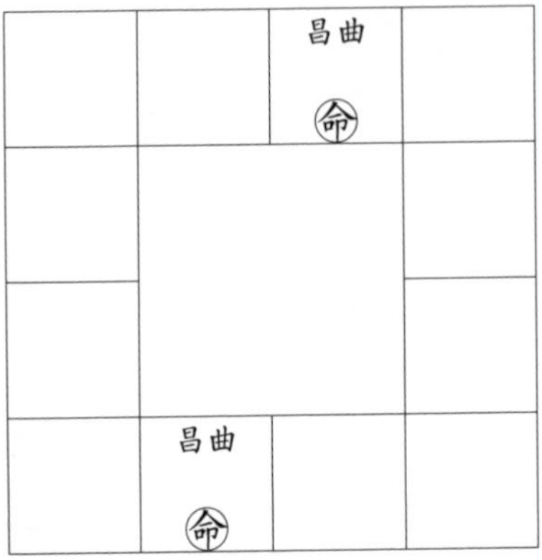

		昌曲 命	
	昌曲 命		

一、昌、曲在丑、未宮守命合此格。

二、「冊書一道自天來，喚起人間經濟才。命裡榮華眞可羨，等閒平步上蓬萊」。

三、此格之人，風流才子，聰明好學，從小展露才華。

四、宜向文學、藝術方面發展，會有名聲。

五、文昌爲前世之業，文曲爲前世之果，業果俱足，得失取捨，一切因緣皆一念之間，「落花不是無物，化作春泥更護花」，正是前世果報格的最佳寫照。

累世報應格

		左右 命	
	左右 命		

一、兩輔曜星同坐丑未宮合此格。

二、「命宮輔弼有根源，天地清明萬象鮮。德業巍然人仰敬，各宣金殿玉階前。」

三、「左輔右弼，終身福厚」，「左右同宮，披羅衣紫」。

四、「不經一番寒澈骨，哪來梅花撲鼻香」，爲此命格之人最佳詮釋。

五、早成名，有文名，常遇特殊際遇而成功。

六、以宗教觀點：累世之劫，讓人經歷苦難，故要以歡喜心去迎接人生，此乃人生大道場，正是修行的好時機。

七、戊天干、壬天干之人先天俱足此格局。成就最高。

八、大限同論此格局。

前世業障格

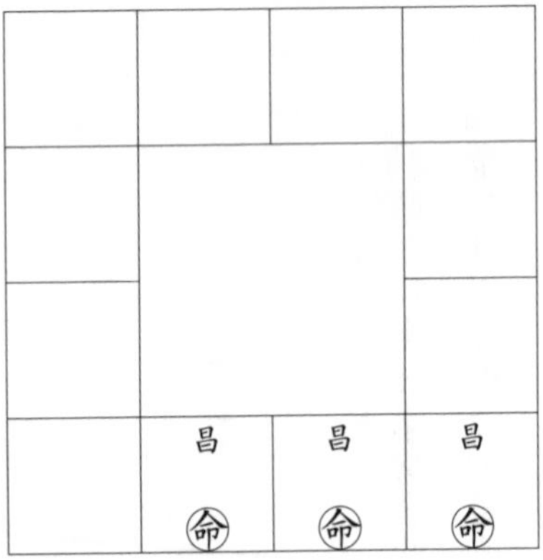

	昌 命	昌 命	昌 命

一、命宮、身宮在亥、子、丑合此格。

二、「文星拱命向南離，凶煞應無會遇時，翰墨縱橫人敬重，手攀丹桂上雲梯」。

三、主其人聰慧，文學有成，爲本事高人，巧藝在身。

四、前世之業星，其所在的宮位，必有業障，故要接納此宮位，才能成就自己。

五、丙天干、辛天干格局不同。

雙祿福氣格

祿存 化祿 命			

一、祿存與化祿星同守命宮或財帛宮合此格局。

二、「祿合鴛鴦福氣高，斯人文武必英豪」。「堆金積玉身榮富，爵位高遷衣紫袍」。

三、俱足福祿，宜往商業發展，好運來時，財富不小，公務人員反而不能得到富貴。

四、大限同論此命格，即大限逢此財帛豐富的星曜，必定讓你有大賺錢的機緣。

巧藝隨身格

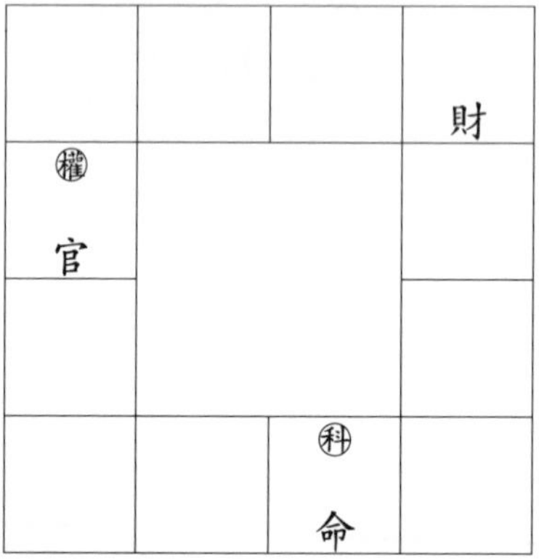

			財
㊔權 官			
		㊔科 命	

一、化科守命，化權在三方相會合此格。

二、「禹門一躍便騰空，頭痛崢嶸大浪中，三汲飛翻合變化，風雲平地起蛟龍」。

三、化科爲文墨之星，已俱足教、學的條件，會遇權星，更加成就事業的條件。

四、權科兩星曜三方來會，乃才藝、技藝、專藝之因緣，宜往才華方面發展，成就非凡。

五、大限逢之，同論此格局。

科祿並存格

			㊝ 財
官			
		㊊ 命	

一、化科守命，三方得化祿或祿存相會。

二、「科名在命數中強，卓越才華遠近傳，一躍連登三級浪，衣冠濟楚待經廷」。

三、此命格之人，文學才藝爲事業的條件，必須先得名氣，才能得到財富。

四、格局之重點在四化變化，四化變化不同，人的成就也會不一樣。

五、大限同論此命格。

權祿生意格

			財
		㊗㊌ 命	

一、化祿與化權同守命宮。

二、「命逢權祿實堪誇，千載功名富貴家，單見也應身富厚，平生穩步好生涯」。

三、「權祿巡逢，財官雙美」古人論格局，往往忽視了男女命與男女星辰的關係。

四、格局之重點在四化變化，四化變化不同，人的成就也會不一樣。

五、大限同論此命格。

前世業報格

	左輔 官		財
			財
文昌 命			

一、文昌在寅守命，左輔在午拱照合此格局。

二、「輔星拱命最堪言，敏捷才華眾莫先，輕則帥臣兼五馬，重須入相振威權」。

三、文昌爲前世之業星，左輔爲前世之報星，三方四正位會合，乃業報的人生，故人要想浪花美麗，必須向岩石衝擊，這正是此格局之最佳寫照。

四、前世星辰的劫數皆與福報重疊，此格局之人，先天已俱備才華條件，只要等待時間來臨，就能有一番作爲。

五、大限同論此格局。

府相商賈格

巨門	廉貞 天相 (財)	天梁	七殺 (夫)
貪狼			天同
太陰			武曲 (命)
紫微 天府 (官)	天機	破軍	太陽

一、天府、天相二星，會照命宮。

二、「命宮府相得俱逢，無煞身當侍聖君，富貴雙全人景仰，巍巍德業滿乾坤」。

三、天府掌財庫，天相為印星，兩顆星辰會合後，變成商場得利的條件，從商理財無往不利。

四、得長輩提拔，貴人相助。只要努力，成功指日可待。

五、夫妻宮坐七殺，不利婚姻。

六、大限同論此格局。

陷地反貴格

武曲 破軍	太陽	天府	天機 太陰
天同 命			紫微 貪狼
			巨門 命
	廉貞 七殺	天梁	天相

一、丁年生人，天同在戌宮守命；辛年生人，巨門在辰宮守命合此格。

二、「三星變化最無窮，同成相逢巨遇龍，生值丁年須富貴，青年公正廟堂中」。

三、「巨門辰戌不得地，辛人命遇反爲奇」。

四、「天同戌宮爲反背，丁人化吉主大貴」。

五、由前得之，天干才是格局的重點，此乃三合派格局論中，唯一清楚闡述四化的重要性。

紫府同宮格

太陽	破軍	天機	紫微 天府 (命)
武曲			太陰
天同			貪狼
七殺	天梁	廉貞 天相	巨門

一、紫微、天府坐命寅、申宮合此格。

二、「同宮紫府貴人生，天地清明萬象新，最喜寅申同得地，聲堂磊落動乾坤」。

三、紫微星與天府星兩顆星曜皆帝王星，此命格內心世界常出現矛盾，影響人生際遇。

四、此人個性保守，朋友不多，故不宜做太大的改變，得保持現況，穩定成長最有利。

五、大限同論此命格。

日月明暗格

天梁	七殺		廉貞
紫微 天相			
天機 巨門			破軍
貪狼	太陽 太陰 ㊍命	武曲 天府	天同

一、安命於丑、未宮，日月同坐合此格局。

二、「命宮日月喜相逢，更遇科權在化中，此命武官須建節，文公定主位三分」。

三、此命格之人，日月兩顆星辰總是有一顆不明朗；命宮在丑位，太陽星不明亮，命宮在未位，月亮星不明朗，故人生常遇瓶頸，個性也會陰晴圓缺。

四、四化決定格局之高低，論命要重四化之變化。

五、大限同論此格局。

機梁高藝格

紫微七殺			
天機天梁 命			廉貞破軍
天相			
太陽巨門	武曲貪狼	天同太陰	天府

一、天機天梁在辰戌宮守命之人。

二、「機梁入廟最堪言，得地教君福祿全，妙算神機應蓋世，威威凜凜掌兵權」。

三、「機梁會合善談兵」。

四、「機梁左右昌曲會，文爲貴顯武忠良」。

五、「天機、天梁同宮辰戌，必有高藝隨身」。

六、主其人有好奇遇、好口才、好表現的因緣，故是非、競爭、變化的行業最有利此命格的發展。

七、大限同論此命格。

天府守成格

天機	紫微		破軍
七殺			
太陽 天梁			廉貞 天府 命
武曲 天相	天同 巨門	貪狼	太陰

一、天府在戌宮守命合此格局。

二、「乾為君象府為臣，得地來朝福自新，輔弼忠臣身報國，腰金衣紫拜重瞳」。

三、「天府臨戌有星拱，腰金衣紫」。

四、合作為事業之基礎，有商業理財的條件，乃幕僚格局。

五、輔佐之星只利守成，不擅長開創。

六、大限同論此格局。

帝星得貴格

天機	紫微 (命)		破軍
七殺			
太陽 天梁			廉貞 天府
武曲 天相	天同 巨門	貪狼	太陰

一、紫微星在午宮守命合此格局。

二、「乘廳司諫肅威風，氣象堂堂立殿中，幾轉内庭分内事，終身富貴位王公」。

三、「紫微居子午，科權祿照最爲奇」。

四、「紫微居午，無羊陀，甲丁己生人位公卿」。

五、紫微、太陽、天梁在午宮，人生因緣常遇到貴人相助而成功。

六、天干四化會改變格局大小。

七、大限同論此格局。

紫府貴人格

太陰	貪狼	天同 巨門	武曲 天相 命
天府 廉貞			太陽 天梁
			七殺
破軍		紫微	天機

一、紫微天府於三方會照命宮合此格。

二、「二斗尊星命內臨，清高禍患永無侵，更加吉曜重相會，食祿皇朝冠古今」。

三、此命格之人一生常與政治、公家、商業界中有成就的人有因緣。

四、善用人際關係，天生與權貴有因緣。

五、紫微的「諸宮降福，能消百惡」，與天府的「南斗解厄延壽之星」，此乃星辰論命法，所用的美麗的名詞而已。正如有人在描寫愛情時，比喻妳是我上天掉下來的禮物一樣。

六、大限同論此格局。

廉殺生滅格

廉貞 貪狼 命	巨門	天相	天同 天梁
太陰			武曲 七殺
天府			太陽
	紫微 破軍	天機	

一、廉貞貪狼巳、亥宮守命，武曲七殺三方來會合此格局。

二、「貞逢七殺實堪傷，十載淹留有災殃，運至經求多不遂，錢財勝似雪澆湯」。

三、此命格之人，六親緣淡，先敗後成，他鄉發跡格。

四、此格局之人，多變化，有投機之因緣。

五、大限同論此格局。

武貪中運格

天府	天同 太陰	武曲 貪狼 命	太陽 巨門
			天相
廉貞 破軍			天機 天梁
			紫微 七殺

一、武曲、貪狼在丑，未宮守命。

二、「文作監司身顯達，武臣勇猛鎮邊疆」。

三、「武貪墓中居，三十後發福」。

四、「武貪同宮，諂佞奸貧」。

五、武貪不發少年郎，三十歲後漸漸嶄露頭角，個性堅毅，先敗祖業，功成他鄉之命。

六、天干不同，命格也會跟著不同。

七、大限同論此命格。

巨機是非格：

天同	天府 武曲	太陽 太陰	貪狼
破軍			天機 巨門 ㊐命
			紫微 天相
廉貞		七殺	天梁

一、巨門、天機守命卯酉合此格局。

二、「巨門廟旺遇天機，高節清風世罕稀，學就一朝騰達去，巍巍德業震華夷」。

三、「機巨同居卯酉，必退祖而自興」。

四、「機巨酉上化吉者，縱遇財官也不榮」。

五、「巨門交人，始善終惡」。

六、個性執著，富研究心，有特殊才藝的因緣。

七、一生變化大，多是非恩怨，白手起家之人。

八、大限同論此命格。

羊刃六親格

天府	天同 太陰 命	武曲 貪狼	太陽 巨門
			天相
廉貞 破軍			天機 天梁
			紫微 七殺

一、擎羊在午宮守命，合此格局。

二、「羊刃切忌午之方，若來限內最爲殃，刑妻剋子生間事，殘病中年要早亡」。

三、幼年多災厄之事，長大多意外之緣，表現在事業上爲風險中開創新的局面。

四、威鎮邊疆格局，一生奔波，廣交朋友，但六親無緣。

五、大限同論此格局。

破軍亂世格

巨門	廉貞 天相	天梁	七殺
貪狼			天同
太陰			武曲
紫微 天府	天機	破軍 命	太陽

一、破軍在子、午宮守命合此格局。

二、「北斗英星最有權，坎離之上福綿綿，黃金建節超廊廟，統帥英雄鎮四邊」。

三、競爭、大膽、冒險、是非、改革、新緣，乃此命格特色。

四、成功與失敗，革新與守成，破耗與權威，突顯亂世才能出英雄。

五、安定、安逸、安穩之環境，反而不能有所成就。

六、大限同論此命格。

機月同梁格

	天機	紫微 破軍	
太陽			天府
武曲 七殺			太陰
天同 天梁 ㊍命	天相	巨門	廉貞 貪狼

一、命、財、官、遷四星會入合此格。

二、「寅申四曜命加臨，宗祖根源定有成，刀筆之中宜卓立，榮華發旺在公門」。

三、「機月同梁作吏人」。

四、具有企劃、設計、行政、顧問之才華，不適合當老闆，卻是上司之得力助手。

五、乃穩定的格局，適合在大公司或公家上班，職務上也不宜太多責任。

六、大限同論此格局。

月朗天門格

天機	紫微		破軍
七殺			
太陽 天梁			廉貞 天府
武曲 天相	天同 巨門	貪狼	太陰 命

一、太陰在亥宮守命合此格。

二、「正遇風雲際會期，海門高處一龍飛，文章間出英雄漢，萬里功名得古稀」。

三、太陰為財星，太陰坐廟旺主富，事業宮坐太陽天梁主貴，乃富貴雙全之格局。

四、太陰為女星，女命俱足異性因緣，男命反不利事業發展。

五、出生天干不同，格局會有變化。

六、大限同論此格局。

石中隱玉格

	天機	紫微 破軍	
太陽			天府
武曲 七殺			太陰
天同 天梁	天相	巨門 命	廉貞 貪狼

一、巨門在子、午宮坐命合此格局。

二、「巨門子午喜相逢，更值生人丁癸中，早歲定爲攀桂客，老來滋潤富家翁」。

三、顧名思義，石中之玉必須經歷不順的歲月，才會顯露出光彩動人。

四、此命格早年辛苦，中年後才漸漸發達。

五、此人理想太高而不容易達成願望。

六、天干影響命格的高低。

七、大限同論此格局。

日照雷門格

天機	紫微		破軍
七殺			
太陽 天梁 命			廉貞 天府
武曲 天相	天同 巨門	貪狼	太陰

一、太陽坐守卯宮合此格。

二、「太陽卯位貴堪誇，必主平生富貴家，純粹少年登甲第，戰征聲勢動夷華」。

三、主人個性豪爽、隨和、喜助人、好打抱不平，具領導才華，有成名的條件。

四、此命格少年早發，宜教職、服務業、民意代表、公益事業。

五、甲年、庚年、辛年生之人，格局有高低。

六、大限同論此格局。

日月夾命格

武曲 破軍	太陽	天府 命	天機 太陰
天同			紫微 貪狼
			巨門
	廉貞 七殺	天梁	天相

一、未宮坐命，太陽太陰午、申宮來夾命，即合此格局。

二、日（星）、月（財星）兩星在旺地夾命宮，主富貴，易得貴人提拔而成功。

三、武曲、貪狼丑宮守命，日月旺地來夾命，主人財運豐足，乃成功之生意人條件。

四、大限同論此格局。

日月明朗格

太陽 命	破軍	天機	紫微 天府
武曲			太陰
天同			貪狼
七殺	天梁	廉貞 天相	巨門

一、太陽在巳，太陰在酉或太陽在辰，太陰在戌宮，守命合此格局。

二、「二曜常明正得中，才華聲勢定英雄，少年際得風雲會，一躍天池便化龍」。

三、「太陽守命於卯辰巳午，見諸吉大貴」。

四、「太陰居子，是水澄桂萼，得清要之職，忠諫之才」。

五、日月兩顆星並明，英雄出少年，少年得志之命格。

六、大限同論此格局。

日月置產格

天梁	七殺		廉貞
紫微 天相			
天機 巨門			破軍 命
貪狼	太陽 太陰 田	武曲 天府	天同

一、太陽、太陰兩星曜在丑，未同宮，又恰巧爲田宅宮合此格局。

二、此命格主人先天有不動產的因緣，乃成爲大地主的條件。

三、買賣不動產，最有利事業之成就。

四、丁、戊、庚、辛年生之人最有利此格局。

五、大限同論此格局。

陰同清高格

紫微 七殺			
天機 天梁			廉貞 破軍
天相			
太陽 巨門	武曲 貪狼	天同 太陰 命	天府

一、天同、太陰守命在子宮合此格。

二、「水桂澄萼，得清要之職」。

三、主人個性耿直，做事清楚，少心機，多助人，適合記者、作者、評論、公平、公正之工作。

四、交際、娛樂、旅遊等等行業能有出名機會。

五、天干四化決定格局高低。

六、大限同論此命格。

廉貞文武格

天梁	七殺		廉貞 命
紫微 天相 財			
天機 巨門			破軍
貪狼 文曲 遷	太陽 太陰	武曲 天府 文昌 官	天同

一、廉貞在寅、申宮坐命，會遇文昌、文曲兩星曜。

二、「命中文武喜朝垣，入廟平生福氣全，純粹能文高折桂，戰征武定鎮三邊」。

三、此命格之人，文星武星大集合，人生命理逢貴運，富貴吉祥地位高。

四、此命格華而不實，只利守成，不利開創新局面。

五、大限同論此格局。

巨日競爭格

紫微 七殺			
天機 天梁			廉貞 破軍
天相			
太陽 巨門 ㊀命	武曲 貪狼	天同 太陰	天府

一、巨門、太陽在寅宮守命合此格局。

二、「巨日拱照對三合，值此應爲蓋世才，若是凶星沒戰剋，紫袍恆著日邊來」。

三、巨日多競爭，例行性的工作，不適合此命格。

四、勞碌、熱門、熱心、口才，爲其工作特質。

五、適合外務、業務、旅遊、律師、民代、政治、娛樂的職業。

六、天干決定命格之高低。

七、大限同論此格局。

七殺朝斗格

巨門	廉貞 天相	天梁	七殺 命
貪狼			天同
太陰			武曲
紫微 天府	天機	破軍	太陽

一、七殺守命於寅、申宮合此格。

二、「格名朝斗貴無疑，入廟須教壽福齊，烈烈轟轟身顯耀，平生安穩好根基」。

三、紫微主貴，天府主富，七殺主權，富、貴、權三者形成「朝斗仰斗，爵祿榮昌」之格局。

四、此命格，一生際遇變化無常，但能得貴人相助而成功。

五、主人重原則有個性，乃老闆、主管之天命。

六、大限同論此格局。

壽星入廟格

天相	天梁（命）	廉貞 七殺	
巨門			
紫微 貪狼			天同
天機 太陰	天府	太陽	武曲 破軍

一、天梁坐午宮守命合此格。

二、「命遇離明拱壽星，一生榮達沐恩深，飛騰鴻鵠青霄近，氣象堂堂侍帝廷」。

三、「梁居午位，官資清顯」、「佐帝座權威」及「職位臨於風」。

四、日、梁、紫三曜星居午宮，少年得志，早發之命格。

五、天梁乃神秘的星辰，適合宗教、五術、中藥……等行業。

六、大限同論此格局。

雄宿鍛鍊格

天梁	七殺		廉貞 命
紫微 天相			
天機 巨門			破軍
貪狼	太陽 太陰	武曲 天府	天同

一、廉貞在未、申二宮守命合此格。

二、「申未廉貞得地方，縱加七殺不爲凶，聲名顯達風雲遠，二限優遊富貴中」。

三、主人個性好強，對自己的要求很高，有新的人、事、物之因緣。

四、主人人生際遇無常，事業多阻礙，卻不失積善人家的格局。

五、大限同論此命格。

命無正曜格

紫微 七殺			命
天機 天梁			廉貞 破軍
天相			
太陽 巨門	武曲 貪狼	天同 太陰	天府

一、命宮無正曜坐守。

二、「命宮星曜值空亡，幼歲重重有禍殃，不是過房須寄養，他鄉好去作東床」。

三、「命無正曜，二姓延生」。

四、可藉遷移宮與父母宮的星辰論命格，若有凶星來會合，主與六親無緣，早離家園。

五、命宮無主星，並不能直接論凶象或無成就，只是他鄉發跡之格局而已。

六、大限同論此格局。

排命盤篇

排命盤篇

一、排盤前的基本認識

十天干陰陽：

甲、乙、丙、丁、戊、己、庚、辛、壬、癸，爲十天干。

甲、丙、戊、庚、壬，屬陽。陽年生人，男爲陽男，女爲陽女。

乙、丁、己、辛、癸，屬陰。陰年生人，男爲陰男，女爲陰月。

圖表：

陰陽別	生年干	男	女
陽年	甲丙戊庚壬	陽男	陽女
陰年	乙丁己辛癸	陰女	陰女

十二地支所屬生肖及陰陽：

子、丑、寅、卯、辰、巳、午、未、申、酉、戌、亥，爲十二地支。

子屬鼠，丑屬牛，寅屬虎，卯屬兔，辰屬龍，巳屬蛇，午屬馬，未屬羊，申屬猴，酉屬雞，戌屬狗，亥屬豬。

子、寅、辰、午、申、戌，屬陽。

丑、卯、巳、未、酉、亥，屬陰。

圖表：

地支所屬	陰陽	生肖
子	陽	鼠
丑	陰	牛
寅	陽	虎
卯	陰	兔
辰	陽	龍
巳	陰	蛇
午	陽	馬
未	陰	羊
申	陽	猴
酉	陰	雞
戌	陽	狗
亥	陰	豬

天干、陰陽、五行、方位：

甲乙屬木，丙丁屬火，戊己屬土，庚辛屬金，壬癸屬水。

甲乙爲東方，丙丁爲南方，庚辛爲西方，壬癸爲北方，戊己爲中央。

圖表：

十干	陰陽	五行	方位
甲	陽	木	東
乙	陰		
丙	陽	火	南
丁	陰		
戊	陽	土	中
己	陰		
庚	陽	金	西
辛	陰		
壬	陽	水	北
癸	陰		

地支、陰陽、五行、生肖：

子屬水、丑屬土、寅屬木、卯屬木、辰屬土、巳屬火、午屬火、未屬土、申屬

金、酉屬金、戌屬土、亥屬水。

寅、卯、辰、司春、爲東方。巳、午、未、司夏，爲南方。

申、酉、戌，司秋，爲西方。亥、子、丑，司冬，爲北方。

惟辰、戌、丑、未，四支單位言之，屬土，爲四季，爲中央。

十二支＼所屬	陰陽	五行	生肖
子	陽	水	鼠
丑	陰	土	牛
寅	陽	木	虎
卯	陰	木	兔
辰	陽	土	龍
巳	陰	火	蛇
午	陽	火	馬
未	陰	土	羊
申	陽	金	猴
酉	陰	金	雞
戌	陽	土	狗
亥	陰	水	豬

十二生肖圖：

蛇 巳	馬 午	羊 未	猴 申
龍 辰			雞 酉
兔 卯			狗 戌
虎 寅	牛 丑	鼠 子	豬 亥

十二地支圖：

巳	午	未	申
辰			酉
卯			戌
寅	丑	子	亥

十二地支掌中圖：

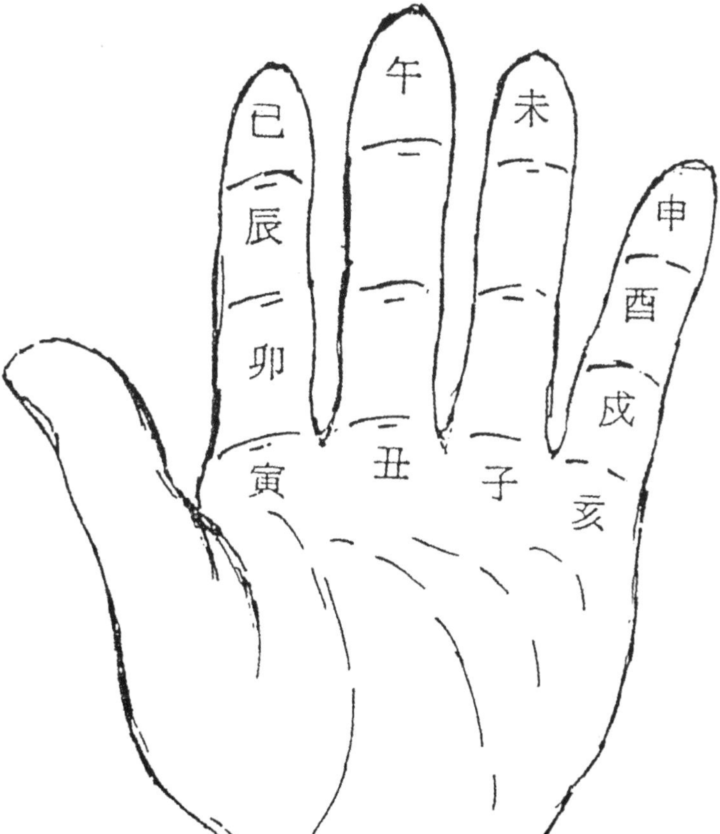

巳
午
未
辰
申
酉
卯
戌
寅
丑
子
亥

二、排命盤的順序

1.求天干之方法：

取民國出生年數之個位數字減二，所得之數即爲所求天干。

例：民國三十九年出生人，取三十九之個位數字九減二，所得爲七—庚。

民國六十年出生之人，取六十之個位數字〇減二，所得爲八—辛。

圖表：

天干	數字
甲	1
乙	2
丙	3
丁	4
戊	5
己	6
庚	7
辛	8
壬	9
癸	10

2.求地支之方法：

取民國出生年數除以十二之餘數，即爲所求之地支。

例：民國三十九年出生人，三十九除以十二等於三餘三，取餘數三爲寅。

民國四十八出生之人，四十八除以十二等於四餘〇，故爲亥。

圖表：

地支	數字
子	1
丑	2
寅	3
卯	4
辰	5
巳	6
午	7
未	8
申	9
酉	10
戌	11
亥	0

3. 時支換算表：

時支	起訖時間	
子	0～1	早子時
丑	1～3	
寅	3～5	
卯	5～7	
辰	7～9	
巳	9～11	
午	11～1	中午
未	1～3	
申	3～5	
酉	5～7	
戌	7～9	
亥	9～11	
子	11～12	晚子時

4. 定十二宮天干：

方法一：用五虎遁法

甲、己年生起丙寅。

乙、庚年生起戊寅。

丙、辛年生起庚寅。

丁、壬年生起壬寅。

戊、癸年生起甲寅。

方法二：直接以出生天干順排

己	戊	丁	丙
庚			乙
辛			甲
壬			癸

方法三：如左表

本生年干＼十二宮	甲己	乙庚	丙辛	丁壬	戊癸
寅	丙	戊	庚	壬	甲
卯	丁	己	辛	癸	乙
辰	戊	庚	壬	甲	丙
巳	己	辛	癸	乙	丁
午	庚	壬	甲	丙	戊
未	辛	癸	乙	丁	己
申	壬	甲	丙	戊	庚
酉	癸	乙	丁	己	辛
戌	甲	丙	戊	庚	壬
亥	乙	丁	己	辛	癸
子	丙	戊	庚	壬	甲
丑	丁	己	辛	癸	乙

5. **安命宮、身宮：**

方法：由寅宮起，順數月份，逆數時辰，爲命宮；順數月份，順數爲辰，爲身宮。

例如：十月寅時生人，由寅爲1月，順數至生月10爲止在亥宮，再由亥宮取子時逆數時辰至生時寅止爲酉宮，則命宮定於酉宮。

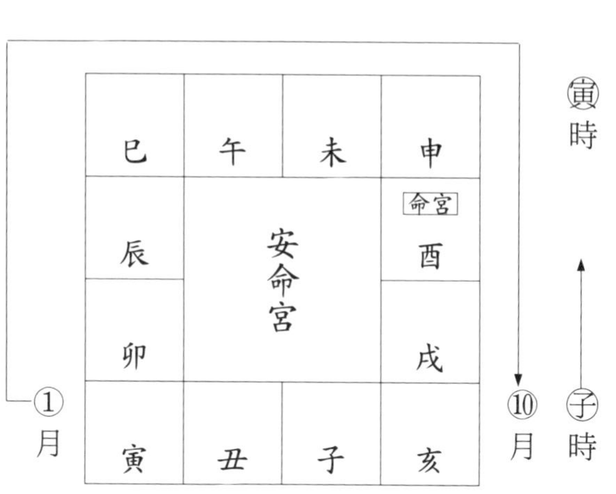
巳
午
未
申
辰
安命宮
命宮
酉
卯
戌
①月
寅
丑
子
亥
⑩月
寅時
子時

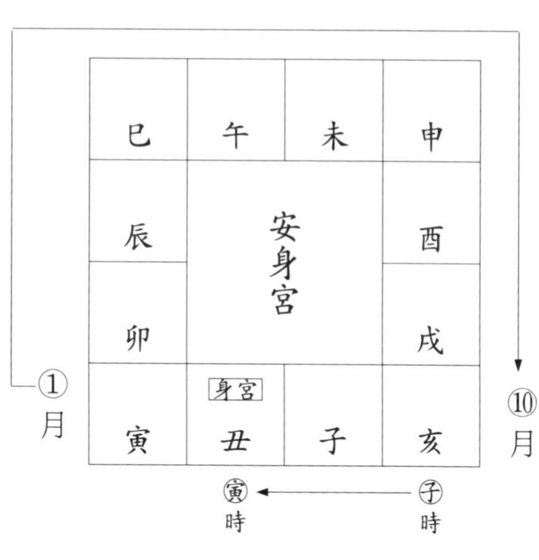
巳
午
未
申
辰
安身宮
酉
卯
戌
①月
寅
身宮
丑
子
亥
⑩月
寅時
子時

6. 安十二宮：由命宮起，逆排十二宮位

田宅	事業	奴僕	遷移
福德			疾厄
父母			財帛
命宮	兄弟	夫妻	子女

定十二宮表

命宮＼餘宮	兄弟	夫妻	子女	財帛	疾厄	遷移	奴僕	事業	田宅	福德	父母
子	亥	戌	酉	申	未	午	巳	辰	卯	寅	丑
丑	子	亥	戌	酉	申	未	午	巳	辰	卯	寅
寅	丑	子	亥	戌	酉	申	未	午	巳	辰	卯
卯	寅	丑	子	亥	戌	酉	申	未	午	巳	辰
辰	卯	寅	丑	子	亥	戌	酉	申	未	午	巳
巳	辰	卯	寅	丑	子	亥	戌	酉	申	未	午
午	巳	辰	卯	寅	丑	子	亥	戌	酉	申	未
未	午	巳	辰	卯	寅	丑	子	亥	戌	酉	申
申	未	午	巳	辰	卯	寅	丑	子	亥	戌	酉
酉	申	未	午	巳	辰	卯	寅	丑	子	亥	戌
戌	酉	申	未	午	巳	辰	卯	寅	丑	子	亥
亥	戌	酉	申	未	午	巳	辰	卯	寅	丑	子

7. **定五行局：**

水二局	木三局	金四局	土五局	火六局

方法一：

定五行局表

本生年干＼命宮	子丑	寅卯	辰巳	午未	申酉	戌亥
甲己	水二局	火六局	木三局	土五局	金四局	火六局
乙庚	火六局	土五局	金四局	木三局	水二局	土五局
丙辛	土五局	木三局	水二局	金四局	火六局	木三局
丁壬	木三局	金四局	火六局	水二局	土五局	金四局
戊癸	金四局	水二局	土五局	火六局	木三局	水二局

方法二：以命宮之天干爲起點，順數十二地支之數目

例：命宮在申位，天干爲癸，則以掌中訣之壬癸木爲起點，因申位數目爲二，要順數進二位，爲甲乙金，故此命爲金四局。

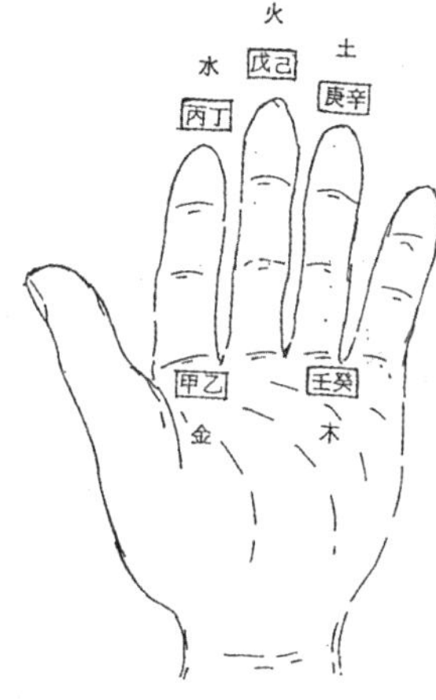

(三數) 巳	(一數) 午	(一數) 未	(二數) 申
(三數) 辰	安命宮		(二數) 酉
(二數) 卯			(三數) 戌
(二數) 寅	(一數) 丑	(一數) 子	(三數) 亥

8. 安紫微星系與安天府星系：

①安紫微星系以生日除以局數，以寅宮順數至商數，餘數雙數順數，奇數逆數。

例一：十六日出生人，金四局、十六除以四，得商四，紫微則在巳宮。

如圖表：

④巳	午	未	申
③辰			酉
②卯			戌
①寅	丑	子	亥

例二：三日出生人，土五局，三除以五，得商數一，餘數二，由寅數至一，爲寅宮，因餘數二，故順數二（寅宮不算），得辰宮，因此紫微在辰宮。

註：生日除以局數，若餘數爲雙數，本宮位不算，則順數至餘數。

生日除以局數，若餘數爲單數，本宮位不算，則逆數至餘數。

②安紫微星系—逆排：紫微、天機、隔一太陽、武曲、天同、空二廉貞位。

詩曰：紫微天機逆行旁，

隔一陽武天同當，

又隔二位廉貞地，

空三復見紫微鄉。

	廉貞		
			天同
			武曲
紫微	天機		太陽

③安天府星系—順排：天府、太陰、貪狼、巨門、天相、天梁、七殺、隔三破軍位。天府星之安法，是以紫微星爲定點，紫微在寅申同宮，其餘宮位斜線相對。

圖表

府	府	府	府紫
府			紫
府			紫
府紫	紫	紫	紫

詩曰：天府太陰順貪狼，
巨門天相又天梁，
七殺空三破軍位，
隔一便見天府鄉。

紫	紫	紫	府紫
紫			府
紫			府
府紫	府	府	府

巨門	天相	天梁	七殺
貪狼			
太陰			
天府		破軍	

起紫微表

命宮＼五行局	水二局	木三局	金四局	土五局	火六局
初一	丑	辰	亥	午	酉
初二	寅	丑	辰	亥	午
初三	寅	寅	丑	辰	亥
初四	卯	巳	寅	丑	辰
初五	卯	寅	子	寅	丑
初六	辰	卯	巳	未	寅
初七	辰	午	寅	子	戌
初八	巳	卯	卯	巳	未
初九	巳	辰	丑	寅	子
初十	午	未	午	卯	巳
十一	午	辰	卯	申	寅
十二	未	巳	辰	丑	卯
十三	未	申	寅	午	亥
十四	申	巳	未	卯	申
十五	申	午	辰	辰	丑
十六	酉	酉	巳	酉	午
十七	酉	午	卯	寅	卯
十八	戌	未	申	未	辰
十九	戌	戌	巳	辰	子
二十	亥	未	午	巳	酉
廿一	亥	申	辰	戌	寅
廿二	子	亥	酉	卯	未
廿三	子	申	午	申	辰
廿四	丑	酉	未	巳	巳
廿五	丑	子	巳	午	丑
廿六	寅	酉	戌	亥	戌
廿七	寅	戌	未	辰	卯
廿八	卯	丑	申	酉	申
廿九	卯	戌	午	午	巳
三十	辰	亥	亥	未	午

安紫微諸星表

紫微＼諸星＼星級	天機	太陽	武曲	天同	廉貞
	甲				
子	亥	酉	申	未	辰
丑	子	戌	酉	申	巳
寅	丑	亥	戌	酉	午
卯	寅	子	亥	戌	未
辰	卯	丑	子	亥	申
巳	辰	寅	丑	子	酉
午	巳	卯	寅	丑	戌
未	午	辰	卯	寅	亥
申	未	巳	辰	卯	子
酉	申	午	巳	辰	丑
戌	酉	未	午	巳	寅
亥	戌	申	未	午	卯

定天府表

星級／諸星	甲
紫微	天府
子	辰
丑	卯
寅	寅
卯	丑
辰	子
巳	亥
午	戌
未	酉
申	申
酉	未
戌	午
亥	巳

定天府表

星級／諸星	甲						
天府	太陰	貪狼	巨門	天相	天梁	七殺	破軍
子	丑	寅	卯	辰	巳	午	戌
丑	寅	卯	辰	巳	午	未	亥
寅	卯	辰	巳	午	未	申	子
卯	辰	巳	午	未	申	酉	丑
辰	巳	午	未	申	酉	戌	寅
巳	午	未	申	酉	戌	亥	卯
午	未	申	酉	戌	亥	子	辰
未	申	酉	戌	亥	子	丑	巳
申	酉	戌	亥	子	丑	寅	午
酉	戌	亥	子	丑	寅	卯	未
戌	亥	子	丑	寅	卯	辰	申
亥	子	丑	寅	卯	辰	巳	酉

9. 安六輔星：

①左輔、右弼：左輔由辰宮順推生月止右弼由戌宮逆推生月止。

巳	午	未	申
辰			酉
卯			戌
寅	丑	子	亥

左輔（辰）→順數生月

右弼（戌）→逆數生月

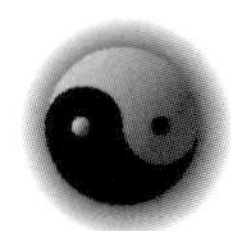

②文昌、文曲是依生時排之，文昌由戌宮逆推生時止，文曲由辰宮順推生時止。

巳	午	未	申
辰			酉
卯			戌
寅	丑	子	亥

10. **安四化曜星：**

四化曜星分爲：化祿、化權、化科、化忌　依生年干排定之。

天干＼四化	化祿	化權	化科	化忌
甲	廉	破	武	陽
乙	機	梁	紫	陰
丙	同	機	昌	廉
丁	陰	同	機	巨
戊	貪	陰	弼	機
己	武	貪	梁	曲
庚	陽	武	陰	同
辛	巨	陽	曲	昌
壬	梁	紫	輔	武
癸	破	巨	陰	貪

11. 起大限表：

五行局	陰陽男女＼宮＼大限	命宮	兄弟	夫妻	子女	財帛	疾厄	遷移	友僕	事業	田宅	福德	父母
水二局	陽男陰女	2～11	112～121	102～111	92～101	82～91	72～81	62～71	52～61	42～51	32～41	22～31	12～21
	陰男陽女	2～11	12～21	22～31	32～41	42～51	52～61	62～71	72～81	82～91	92～101	102～111	112～121
木三局	陽男陰女	3～12	113～122	103～112	93～102	83～92	73～82	63～72	53～62	43～52	33～42	23～32	13～22
	陰男陽女	3～12	13～22	23～32	33～42	43～52	53～62	63～72	73～82	83～92	93～102	103～112	113～122
金四局	陽男陰女	4～13	114～123	104～113	94～103	84～93	74～83	64～73	54～63	44～53	34～43	24～33	14～23
	陰男陽女	4～13	14～23	24～33	34～43	44～53	54～63	64～73	74～83	84～93	94～103	104～113	114～123
土五局	陽男陰女	5～14	115～124	105～114	95～104	85～94	75～84	65～74	55～64	45～54	35～44	25～34	15～24
	陰男陽女	5～14	15～24	25～34	35～44	45～54	55～64	65～74	75～84	85～94	95～104	105～114	115～124
火六局	陽男陰女	6～15	116～125	106～115	96～105	86～95	76～85	66～75	56～65	46～55	36～45	26～35	16～25
	陰男陽女	6～15	16～25	26～35	36～45	46～55	56～65	66～75	76～85	86～95	96～105	106～115	116～125

12. **安時系諸星表：**

時系星／出生時辰	文昌	文曲
子	戌	辰
丑	酉	巳
寅	申	午
卯	未	未
辰	午	申
巳	巳	酉
午	辰	戌
未	卯	亥
申	寅	子
酉	丑	丑
戌	子	寅
亥	亥	卯

13. **安月系諸星表：**

月系星／出生月份	左輔	右弼
正月	辰	戌
二月	巳	酉
三月	午	申
四月	未	未
五月	申	午
六月	酉	巳
七月	戌	辰
八月	亥	卯
九月	子	寅
十月	丑	丑
十一月	寅	子
十二月	卯	亥

14. **安年系諸星表：**

年系星／出生年份	祿存	擎羊	陀羅
甲	寅	卯	丑
乙	卯	辰	寅
丙	巳	午	辰
丁	午	未	巳
戊	巳	午	辰
己	午	未	巳
庚	申	酉	未
辛	酉	戌	申
壬	亥	子	戌
癸	子	丑	亥

18. **紫微在十二宮：**

太陰 巳	貪狼 午	天同 巨門 未	武曲 天相 申
天府 廉貞 辰	紫微在子宮		太陽 天梁 酉
卯			七殺 戌
破軍 寅	丑	紫微 子	天機 亥

廉貞 貪狼 巳	巨門 午	天相 未	天同 天梁 申
太陰 辰	紫微在丑宮		武曲 七殺 酉
天府 卯			太陽 戌
寅	紫微 破軍 丑	天機 子	亥

巨門 巳	廉貞 天相 午	天梁 未	七殺 申
貪狼 辰	紫微在寅宮		天同 酉
太陰 卯			武曲 戌
紫微 天府 寅	天機 丑	破軍 子	太陽 亥

天相 巳	天梁 午	廉貞 七殺 未	申
巨門 辰	紫微在卯宮		酉
紫微 貪狼 卯			天同 戌
天機 太陰 寅	天府 丑	太陽 子	武曲 破軍 亥

<table>
<tr><td>天梁
巳</td><td>七殺
午</td><td>未</td><td>廉貞
申</td></tr>
<tr><td>紫微 天相
辰</td><td colspan="2" rowspan="2">紫微在辰宮</td><td>酉</td></tr>
<tr><td>天機 巨門
卯</td><td>破軍
戌</td></tr>
<tr><td>貪狼
寅</td><td>太陽 太陰
丑</td><td>武曲 天府
子</td><td>天同
亥</td></tr>
</table>

紫微 七殺 巳	午	未	申
天機 天梁 辰	紫微在 巳宮		廉貞 破軍 酉
天相 卯			戌
太陽 巨門 寅	武曲 貪狼 丑	天同 太陰 子	天府 亥

天機 巳	紫微 午	未	破軍 申
七殺 辰	紫微在午宮		酉
太陽 天梁 卯			廉貞 天府 戌
武曲 天相 寅	天同 巨門 丑	貪狼 子	太陰 亥

<table>
<tr><td>巳</td><td>天機
午</td><td>紫微
破軍
未</td><td>申</td></tr>
<tr><td>太陽
辰</td><td colspan="2" rowspan="2">紫微在未宮</td><td>天府
酉</td></tr>
<tr><td>武曲
七殺
卯</td><td>太陰
戌</td></tr>
<tr><td>天同
天梁
寅</td><td>天相
丑</td><td>巨門
子</td><td>廉貞
貪狼
亥</td></tr>
</table>

太陽 巳	破軍 午	天機 未	紫微 天府 申
武曲 辰	紫微在申宮		太陰 酉
天同 卯			貪狼 戌
七殺 寅	天梁 丑	廉貞 天相 子	巨門 亥

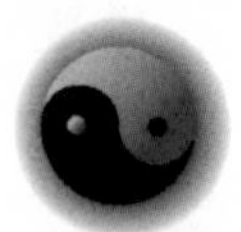

<table>
<tr><td>武曲
破軍
巳</td><td>太陽
午</td><td>天府
未</td><td>天機
太陰
申</td></tr>
<tr><td>天同
辰</td><td colspan="2" rowspan="2">紫微在酉宮</td><td>紫微
貪狼
酉</td></tr>
<tr><td>卯</td><td>巨門
戌</td></tr>
<tr><td>寅</td><td>廉貞
七殺
丑</td><td>天梁
子</td><td>天相
亥</td></tr>
</table>

天同 巳	天府 武曲 午	太陽 太陰 未	貪狼 申
破軍 辰	紫微在 戌宮		天機 巨門 酉
卯			紫微 天相 戌
廉貞 寅	丑	七殺 子	天梁 亥

天府 巳	天同 太陰 午	武曲 貪狼 未	太陽 巨門 申
辰	紫微在亥宮		天相 酉
廉貞 破軍 卯			天機 天梁 戌
寅	丑	子	紫微 七殺 亥

論命　函批

我相信很多人都有過算命的經驗，命理師都會籠統的告訴您！是不是發生過意外？是不是與父母無緣？是不是換過工作？是不是……。

其實，皆是一般江湖術士騙人的技倆罷了。誰沒有發生過意外？誰沒有換過工作？重要的是什麼時候會發生，而吉凶結果又如何？

您對感情、婚姻、桃花或工作、事業、學業或出外、移民、置產或面臨人生重大人、事、物的抉擇時，需要作者幫忙分析命理的趨勢，請來函告知現狀，作者願意竭誠爲您服務，五日內函批回覆。

一、請來函提供正確國曆或農曆出生年、月、日、時。

二、作者將先分析您先天注定的命格與後天運勢的方向，再明確函覆您想要的答案。

三、論命潤金新台幣貳仟元，陰陽宅鑑定或設計新台幣陸仟元起，請以現金袋函寄。

四、回覆函件，請註明函寄或傳眞。

華山命理教學中心

鄭穆德親自函批

面相・紫微斗數　研究班・職業班招生

四化乃斗數之用神，本教學中心傳授四化的公式，藉由先天俱足的命格與後天運勢的起伏，洞悉先天人、事、物的因緣與後天行運的定數，來預知人、事、物的吉凶與時間。

一、研究班：對命理學有興趣者爲對象，滿十二人開班，外縣市可就地開班，學費二個月新台幣壹萬元。

二、職業班：以職業開館或研究命理多年者爲對象。
　半年期學費新台幣柒萬元。
　一年期學費新台幣壹拾貳萬元。

鄭穆德親自傳授

華山命理教學中心
台中市南區柳川西路一段39號
大哥大：0937-295555
傳　眞：（04）23753521

國家圖書館出版品預行編目資料

紫微斗數開館的第一本書 / 鄭穆德著.
－－第一版－－臺北市：知青頻道出版；
紅螞蟻圖書發行， 2004（民93）
面　公分－－(Easy Quick；40)
ISBN 978-957-659-435-9（平裝）

1.命書

293.1　　93006466

Easy Quick 40

紫微斗數開館的第一本書

作　　者／鄭穆德
發 行 人／賴秀珍
總 編 輯／何南輝
文字編輯／張瑞蘭、張瑞珍、高苙軒、李光堯
美術編輯／林美琪
出　　版／知青頻道出版有限公司
發　　行／紅螞蟻圖書有限公司
地　　址／台北市內湖區舊宗路二段121巷19號(紅螞蟻資訊大樓)
網　　站／www.e-redant.com
郵撥帳號／1604621-1　紅螞蟻圖書有限公司
電　　話／(02)2795-3656（代表號）
傳　　真／(02)2795-4100
登 記 證／局版北市業字第796號
法律顧問／許晏賓律師
印 刷 廠／卡樂彩色製版印刷有限公司
出版日期／2004年 5 月　第一版第一刷
　　　　　2020年11月　　第三刷（500本）

定價 280 元　港幣 94 元

ISBN 978-957-659-435-9　　Printed in Taiwan